刑事司法实务
疑难问题解析

郁习顶　郁贝贝 —— 著

法律出版社
LAW PRESS·CHINA
—— 北京 ——

图书在版编目(CIP)数据

刑事司法实务疑难问题解析 / 郁习顶, 郁贝贝著
. -- 北京 : 法律出版社, 2024
ISBN 978 - 7 - 5197 - 9094 - 3

Ⅰ. ①刑… Ⅱ. ①郁… ②郁… Ⅲ. ①刑事诉讼 - 研究 - 中国 Ⅳ. ①D925.204

中国国家版本馆 CIP 数据核字(2024)第 086350 号

刑事司法实务疑难问题解析
XINGSHI SIFA SHIWU YINAN WENTI JIEXI

郁习顶 郁贝贝 著

责任编辑 韩梦超
装帧设计 李 瞻

出版发行 法律出版社
编辑统筹 辞书·融出版编辑部
责任校对 李慧艳
责任印制 吕亚莉
经 销 新华书店

开本 A5
印张 7.125 **字数** 117 千
版本 2024 年 5 月第 1 版
印次 2024 年 5 月第 1 次印刷
印刷 北京新生代彩印制版有限公司

地址:北京市丰台区莲花池西里 7 号(100073)
网址:www.lawpress.com.cn
投稿邮箱:info@lawpress.com.cn
举报盗版邮箱:jbwq@lawpress.com.cn

销售电话:010 - 83938349
客服电话:010 - 83938350
咨询电话:010 - 63939796

书号:ISBN 978 - 7 - 5197 - 9094 - 3　**定价**:69.00 元
凡购买本社图书,如有印装错误,我社负责退换。电话:010 - 83938349

目录 Contents

实体性

程序性

实体性

陪同贩毒的司法认定*

【案情】2007 年 9 月 20 日，李某以 500 元作酬资，雇王某（女）陪同贩毒。9 月 24 日，在王某的陪同下，李某从云南大理将毒品运回南京和下家交易时，被南京警方当场抓获，缴获 K 粉 1500 余克、麻古 800 余粒。

【分歧】该案中，对李某的行为构成贩卖毒品罪没有异议，但是对王某是否构成犯罪存在分歧。第一种意见认为，王某陪同贩毒实为帮助或者为毒贩充当掩护，已经具备了刑事归责的主观基础，加之客观上与毒贩形成事实上的利益共同体，所以，应当构成贩卖毒品罪的共犯。第二种意见认为，王某陪伴李某只是图免费的吃喝玩乐，虽然明知李某是毒贩，但是没有实施任何与贩毒有关联的行为，为纯粹的“陪同贩毒”，不构成犯罪。

【评析】笔者认为，王某的行为是否构成犯罪，应当坚持主客观相统一原则。主观上，要看王某是否明知李某在实施贩毒；客观上，要看王某是否实施了贩卖毒品的帮助行为，或者与贩卖毒品有牵连而使贩毒行为容易实现的关联行为，如帮助购票、联络、

---

* 原载于《人民法院报》2008 年 8 月 6 日，第 6 版。本书为作者多年论文合集，部分文章当时适用或探讨的法律文件已经失效或进行了修正，为还原当时法律环境及文章思路，更好地体现法律法规变化发展，本书均予以保留，未作修改，请读者知悉。

用其身份证开房住宿、照看毒品、接收钱款、通风报信等。只要有证据证实王某的主观故意和客观上实施的关联行为，王某就应当承担贩卖毒品罪共犯的刑事责任。但是，如果王某偶尔陪伴毒贩，即使得到少许收益，也应将那些与毒贩长期同居，以毒资或者毒赃作为生活主要来源的情形区别开来，因为认定王某构成贩卖毒品罪的共犯还缺乏客观事实依据。还有人提出，即使认定王某构成贩卖毒品罪的共犯证据不足，但符合非法持有毒品罪共犯的构成要件。笔者认为，陪同者虽然明知毒贩在非法持有毒品，然而陪同者对该毒品不存在事实上的控制和支配关系，因此，王某的行为不构成非法持有毒品罪。

冒用他人信用卡型信用卡诈骗罪的认定*

——行为人利用他人遗忘在ATM内已输好密码的信用卡取款行为的定性问题

一、基本案情

被告人潘某,男,汉族,1988年××月××日出生,2019年6月24日被逮捕。江苏省常州市天宁区人民检察院指控被告人潘某犯信用卡诈骗罪,向常州市天宁区人民法院提起公诉。被告人潘某对指控事实不持异议。常州市天宁区人民法院经公开审理查明:2014年2月28日9时许,被告人潘某在常州市天宁区乾盛兰庭××号中国建设银行存取款一体机(ATM)上,趁被害人陈某将银行卡遗忘在机器内且尚未退出取款操作界面之际,分2次从该卡内取走人民币5500元。案发后,潘某退赔了被害人陈某的损失,陈某出具谅解书对潘某予以谅解。潘某归案后如实供述了自己在上述时间、地点提取他人存款的事实。

常州市天宁区人民法院经审理认为,持银行卡在ATM上使用时,输入密码与银行留存密码相符,视同银行卡所有人操作。被告人潘某在ATM尚未退出的取款界面上操作提取被害人陈

---

* 原载于《刑事审判参考》2021年第1期。

某的存款、不需要输入密码,没有假冒身份欺骗银行的情节,不构成信用卡诈骗罪,其行为符合盗窃罪的构成要件。潘某以非法占有为目的,采用秘密手段,盗窃公民财物,数额较大,其行为已构成盗窃罪。为严肃国家法制,惩治犯罪,保护公私财产权利不受侵犯,依照《刑法》第 52 条、第 53 条第 1 款、第 67 条第 3 款、第 264 条以及最高人民法院、最高人民检察院《关于办理盗窃刑事案件适用法律若干问题的解释》第 1 条、第 14 条以及《刑事诉讼法》第 201 条的规定,判决被告人潘某犯盗窃罪,判处拘役 2 个月,并处罚金人民币 2000 元。宣判后,常州市天宁区人民检察院提出抗诉,认为本案属于“拾得他人信用卡并使用”的情形,一审判决适用法律错误,应当按照信用卡诈骗罪定罪处罚,建议二审法院依法改判。

常州市人民检察院支持抗诉。出庭检察员发表如下抗诉意见:(1)ATM 取款步骤中的输入密码系银行与持卡人约定现金占有转移的条件,只要输入密码正确并符合额度标准,ATM 就必须吐钞,而不问取款人的真实身份,输入密码不是对持卡人真实身份的验证。(2)从犯罪客观行为来看,被告人潘某能够得逞关键在于冒用持卡身份,银行以为是持卡人而“自愿”实施付款行为,处于被骗地位。根据 ATM 设置原理以及银行与持卡人达成的现金占有转移合约,输入正确密码是银行同意 ATM 内现金占有转移的条件,而不问取款人的真实身份。拾卡人在持卡人输入密码的基础上直接按数取款,在 ATM 吐钞之前,拾卡人与银行之间仍然处在交易之中,ATM 界面会显示“交易正在进行中”,然后经银行“同意”才“交付”现金,体现了 ATM 背后银行的意志,把财物“交付”给拾卡人,符合诈骗罪的客观行为表现。(3)从犯罪行为侵害的法益看,潘某的行为不仅侵害了被害人的财产权利,还侵害了国家金融管理秩序,符合《刑法》分则于信用卡诈骗罪复杂客体的构成要件。(4)2018 年 11 月 28 日最高人民法院、最高人民检察院《关于办理妨害信用卡管理刑事案件具体应用法律若干问题的解释》(以下简称《妨害信用卡解释》)第 5 条第 2 款第 1 项规定,“拾得他人信用卡并使用”属于“冒用他人信用卡”的情形,其中,并未区分是否输入密码。(5)如果定为盗窃罪则违反罪责相适应原则。从行为人主观恶性上看,拾卡人在已经输入密码的 ATM 中取款,与拾卡人通过破解密码等方式在 ATM 中取款的行为相比,后者的主观恶性无疑大于前者。如果认定主观恶性较小的不输入密码按数取款以盗窃罪追究刑事责任,主观恶性较大的破解输入密码按数取款却构成信用卡诈骗罪,明显违背罪责刑相适应的原则。建议二审法院依法改判。

常州市中级人民法院经开庭审理认为,《妨害信用卡解释》第 5 条规定,“拾得他人信用卡并使用”属于“冒用他人信用卡”的情形。本案中被告人潘某的行为系“拾得他人信用卡并使用”,其行为不仅侵犯了他人的财产所有权,还侵犯了国家的金融管理秩序,这一点有别于盗窃行为侵犯财产所有权单一客体的特征,符合信用卡诈骗罪复杂客体的构成要件,属于《刑法》第 196 条规定的“冒用他人信用卡”的情形,应认定为信用卡诈骗罪。潘某冒用他人信用卡,数额较大,其行为构成信用卡诈骗罪。常州市天宁区人民检察院所提抗诉意见、常州市人民检察院的出庭意见成立。原审适用法律不当,应予改正。依照《刑事诉讼法》第 15 条、第 236 条第 1 款第 2 项,《刑法》第 52 条、第 53 条第 1 款、第 67 条第 3 款、第 196 条第 1 款第 3 项以及最高人民法院、最高人民检察院《关于办理盗窃刑事案件适用法律若干问题的解释》第 5 条的规定,判决如下:(1)撤销常州市天宁区人民法院一审刑事判决;(2)原审被告人潘某犯信用卡诈骗罪,判处拘役2个月,并处罚金人民币2万元。

二、主要问题

行为人利用他人遗忘在ATM内已输好密码的信用卡取款行为应当如何定性?

三、裁判理由

关于拾得他人信用卡,并在ATM上取款(简称拾卡取款)行为的定性问题,有观点认为应当构成信用卡诈骗罪,有观点认为应当构成盗窃罪,不一而足,因而有必要通过案例研讨,进一步统一法律适用标准。

主张构成盗窃罪的理由如下:自从信用卡与ATM连为一体,持卡人经过输入密码,持卡人的存款、信用额度即转为持卡人占有,拾卡人无须进行任何密码操作程序而取走现金,就像从打开的钱包取钱一样,行为人只要拿钱就行。换言之,拾卡人只要在额度内按数取款,ATM就必须吐钱。拾卡人主观上具有非法占有他人钱款的目的,客观上采取了自以为秘密的方法,将他人财物转为自己占有,因此构成盗窃罪。另外,ATM不可能被欺骗,拾卡人没有输入密码,就没有假冒持卡人身份,没有冒名,因而也不成立诈骗。持卡人在ATM上只要插卡后输入密码,ATM包括银行就已完成保管任务,应该说是持卡人的失误导致自己的财产受损。

主张构成信用卡诈骗罪的理由是:依据2008年4月18日最高人民检察院发布的《关于拾得他人信用卡并在自动柜员机(ATM)上使用的行为如何定性问题的批复》、2009年12月《妨害信用卡解释》第5条第2款的规定,拾得他人信用卡并在ATM上使用的行为属于“冒用他人信用卡”情形,应当以信用卡诈骗罪追究刑事责任。而《妨害信用卡解释》对拾卡人是否输入密码或者持卡人是否已经输入密码没有予以明确。

我们赞同后一种观点。具体分析如下:

(一)被告人潘某使用欺骗方法,冒用他人的信用卡提取现金的行为符合信用卡诈骗罪的客观要件

1.信用卡的概念与范围

首先应当厘清《刑法》规定的信用卡与银行卡的概念。根据1999年1月5日中国人民银行发布的《银行卡业务管理办法》第2条的规定,本办法所称银行卡,是指由商业银行(含邮政金融机构,下同)向社会发行的具有消费信用、转账结算、存取现金等全部或部分功能的信用支付工具。银行卡包括借记卡和信用卡。信用卡按是否向发卡银行交存备用金分为贷记卡、准贷记卡两类。贷记卡是指发卡银行给予持卡人一定的信用额度,持卡人可在信用额度内先消费、后还款的信用卡。准贷记卡是指持卡人须先按发卡银行要求交存一定金额的备用金,当备用金账户余额不足支付时,可在发卡银行规定的信用额度内透支的信用卡。2004年12月29日,全国人大常委会公布《关于(中华人民共和国刑法)有关信用卡规定的解释》,明确如下:“刑法规定的‘信用卡’,是指由商业银行或者其他金融机构发行的具有消费支付、信用贷款、转账结算、存取现金等全部或部分功能的电子支付卡。”

因此,《刑法》规定的“信用卡”与日常概念中的银行卡在范围上几乎没有区别,其范围包括信用卡(贷记卡和准贷记卡)和借记卡,区别在于前者享有在信用额度内先消费、后还款的透支功能,后者则没有透支的功能。两者的价值体现也不同,借记卡

的财产价值在于卡内持卡人的存款额度,信用卡的价值在于持卡人的信用额度。由于我国信用卡具有存取现金的功能,持卡人使用后存款余额即产生一个负数,表明持卡人对银行产生相应的负债。对此,发卡银行对借记卡和信用卡采用不同的管理秩序,例如,信用卡发卡银行有权根据申请人的资信状况确定有效担保及担保方式,有权对信用卡持卡人的资信状况进行定期复查,根据资信状况的变化调整其信用额度。这在商法上反映出了信用卡和借记卡的持卡人和发卡银行之间不同的法律关系。但在刑法上,行为人利用借记卡实施犯罪和利用信用卡实施犯罪,如骗取财物,两者并没有本质的区别。这是因为行为人以非法占有为目的,转移占有他人的财物,侵害他人的财产权利,至于是利用借记卡的借记功能抑或信用卡的透支功能,并非行为人主观故意包括认识因素和意志因素的范畴,不具有刑法上犯罪构成要件上的意义。因此,刑法上把借记卡归入信用卡的范围,在目前处理利用信用卡犯罪案件中具有一定的现实意义。

2. 信用卡的身份属性

信用卡具有明显的专有身份属性。首先体现在信用卡与持卡人的一一对应关系上。根据《银行卡业务管理办法》的规定,个人申领银行卡(包括借记卡和贷记卡),应当向发卡银行提供公安部门规定的本人有效身份证件;发卡银行有权审查申请人的资信状况、索取申请人的个人资料;银行卡及其账户只限经发卡银行批准的持卡人本人使用,不得出租和转借。信用卡、持卡人信用卡信息资料(包括姓名、性别、工作单位、工资等收入、家庭住址、紧急联系人及联系方式等)和具体相应发卡银行分行名称等一一对应。从《刑法》第 177 条之一和《妨害信用卡解释》第 3 条的规定看,窃取、收买或者非法提供他人信用卡信息资料的,以

"窃取、收买或者非法提供他人信用卡信息罪"定罪处罚,刑法非常重视对信用卡身份属性的特别保护。

信用卡的身份属性还体现在持卡人和发卡银行各自权利义务的承担上。《银行卡业务管理办法》第 51 条、第 52 条分别规定了发卡银行的四项权利和七项义务,第 53 条、第 54 条也分别规定了持卡人的五项权利和四项义务,具体包括:申请人应当向发卡银行提供真实的申请资料并按照发卡银行规定向其提供符合条件的担保。持卡人应当遵守发卡银行的章程及《领用合约》的有关条款。持卡人或保证人通讯地址、职业等发生变化,应当及时书面通知发卡银行。持卡人不得以和商户发生纠纷为由拒绝支付所欠银行款项。

3. ATM(银行)对持卡人的身份验证

众所周知,发卡银行在制作信用卡的过程中,在计算机后台存储器中明确记载着每一张持卡人的信息资料,且与信用卡卡号等对应。持卡人在 ATM 上操作时,页面首先显示"交易正在处理中",实际上是银行计算机后台对信用卡进行身份识别,在确认无误后,接着提示持卡人"输入密码",如果输入的密码和预留密码相同,持卡人即可进行下一步操作。如果持卡人发出取款指令,ATM 会"自愿""交付"钱款。

对于 ATM(银行)对持卡人的身份验证,实践中存在不同观点。有观点认为,输入密码并非身份验证,根据 ATM 设置原理以及银行与持卡人达成的现金占有转移合约,输入正确密码是银行同意 ATM 内现金占有转移的条件,而不问取款人的真实身份。拾卡人潘某在已经输入密码的 ATM 取款,如同持卡人打开钱包,拾卡人可以随意在钱包里拿钱一样,拾卡人采取了自以为秘密窃取的方法获取财物,依法应当按照盗窃罪定罪处罚。也有观点认为,输入密码即代表身份验证,认为在 ATM 取款操作中,输入密码是 ATM 身份验证的唯一环节,按数取款等步骤均无身份验证的功效,从而得出“拾卡人在已经输入密码的 ATM 按数取款,没有输入密码就没有冒名,没有冒名就没有诈骗”的结论。

我们认为,信用卡具有极强的身份属性,对信用卡的有效管理关乎持卡人和发卡银行的财产权利和信用卡管理秩序,银行通过 ATM 对持卡人的信用卡进行身份验证属于必经程序,这一身份验证程序包括在持卡人插卡后界面显示的“交易正在进行中”、提示“请输入密码”以及具体的存取款、查询余额等一系列操作环节。发卡银行给持卡人发卡,意在给持卡人提供方便快捷的金融服务,在金融交易“安全”之外,“便捷”更是持卡人和发卡银行共同追求的目标,银行存折逐渐淡出金融市场就是例证。事实上,有的持卡人为了方便,在签订银行卡领用合约时干脆不设置密码;也有的持卡人把密码告诉取款人,授权、委托他人取款。此时此刻,受托人无疑是以持卡人的身份利用信用卡取款。如果插入的不是银行卡,或者持卡人或拾卡人输入密码错误,则显然没有通过身份验证。

本案中,在持卡人输入密码后,ATM(银行)在等待持卡人进一步发出指令,在此期间,拾卡人未经持卡人授权、未经委托“冒用”持卡人身份发出取款指令,欺骗 ATM“交付”钱款。ATM 误以为是持卡人发出的指令,把财物“自愿”“交付”给拾卡人,ATM 代表相关银行的意志,“同意”交付财物,符合诈骗犯罪的客观行为表现。被告人潘某冒名登录他人信用卡的行为实质就是冒用他人信用卡,这也是使 ATM(银行)陷入错误认识的关键所在,其行为更符合刑法关于信用卡诈骗罪的构成特征,认定信用卡诈骗罪可以全面反映这类犯罪行为的特殊性。

(二)被告人潘某的行为侵害了双重客体,即他人财产所有权和信用卡管理秩序

依据信用卡取款以及 ATM 设置的基本原理,持卡人所持借记卡中的存款事实上处于 ATM(银行)的实际控制和保管之中,持卡人享有法律上的占有权利。换言之,银行事实占有和持卡人法律占有并存。被告人潘某冒用他人信用卡,首先欺骗的对象是 ATM(银行)。有观点认为机器没有意识,不可能被欺骗。事实上,ATM 体现的是相关银行的单位意志,银行通过计算机终端指挥控制 ATM 按照预先设置的步骤逐步验证依次操作。换言之,ATM 属于法律拟制的"法人"的属性。当然,事实层面,被告人潘某也欺骗了持卡人。故潘某以持卡人的身份骗取了他人的财物,侵害了他人的财产所有权,同时也侵害了国家对信用卡的管理秩序,符合《刑法》和《妨害信用卡解释》对信用卡诈骗罪双重客体的规定。

有观点认为,在许霆盗窃案中,许霆也利用信用卡从 ATM 骗取了银行的财物,但其行为并非以信用卡诈骗罪定罪处罚。我们认为,该案与本案不同。2006 年 4 月 21 日晚 10 时,许霆在广州市天河区黄埔大道一商业银行的 ATM 取款时,发现自己每取 1000 元账户才扣除 1 元,于是连取 54 次,得款 5.4 万元。之后,许霆再次返回,经过多次操作,前后共计取款 17.4 万元。由该案事实可见,其一,许霆使用自己真实的信用卡(借记卡)取款,没有"冒用"行为;其二,许霆每取 1000 元,银行账户才扣除 1 元,显然不是银行的真实意志,银行不是"自愿""交付"财物,而是许霆自己明知 ATM 发生机械故障,自以为秘密"获取"银行的财物;其三,许霆主观上以非法占有为目的,采取了自以为不为人知的方法,在晚上 10 时两次秘密窃取了银行的财物,更符合盗窃罪的

构成要件。而本案事实明显不同于许霆案。

银行对持卡人承担保管义务人的责任。如前所述，银行是被告人潘某欺骗的对象，银行受欺骗向拾卡人交付了财物。那么银行是否要对持卡人承担民事赔偿责任？对此，我们认为，银行事实占有持卡人的财产，依法应当担负保管义务人的责任，银行应当对自己的不负责、不尽责行为承担民事责任。换言之，如果银行已经履行了善良保管人的职责，尽管被他人欺骗，造成财产损失，也不一定必然承担民事赔偿责任。这一点，在发卡银行和持卡人的权利义务分担方面已有明确的约定。例如，持卡人依法应当对自己信用卡包括密码保管不善承担责任。中国人民银行发布的《银行卡业务管理办法》中有关于“银行应在章程中向持卡人说明密码的重要性及丢失责任”的规定，与持卡人在签订领用卡合约时，一方面会约定凡输入密码正确，银行占有和控制的现金就转移给取款人；另一方面也会约定“凡密码相符的信用卡交易，均视为持卡人所为，由持卡人承担还款责任，持卡人应承担因密码保管不善而造成的风险损失”。现实生活中，各家银行均已经采取多种措施在积极履行保管人义务，如大额取款须取款人“身份证”验证、持卡人长时间不操作ATM“吞卡”处理等。当然，如果银行疏于管理，当然要视情对持卡人承担民事赔偿责任。尽管银行被他人欺骗，造成持卡人财产受损，也要视情判断民事责任的承担。

综上所述，二审法院根据本案的事实、性质、情节，对被告人以信用卡诈骗罪定罪处罚，是正确的。

陈某某投放危险物质案*

——介入因素与因果关系的认定

【基本案情】

被告人陈某某,女,汉族,农民。2002 年 7 月下旬,被告人陈某某与被害人陆某某因修路及小孩问题多次发生口角并相互谩骂,被告人陈某某遂怀恨在心,萌生投毒之歹念。2002 年 7 月 25 日晚 9 时许,被告人陈某某至自家水池边找来一支一次性注射器,从其家中柴房内的甲胺磷农药瓶中抽取半针筒甲胺磷农药,至被害人陆某某家门前丝瓜棚处,将甲胺磷农药打入丝瓜藤上所结的多条丝瓜中。为毁灭罪证,被告人陈某某将一次性注射器扔入家中灶膛内烧毁。7 月 26 日晚,陆某某及其外孙女黄某花食用了被注射有甲胺磷农药的丝瓜后,均出现上吐下泻等中毒症状。被害人陆某某被及时送往医院,因甲胺磷农药中毒引发糖尿病高渗性昏迷低钾血症,院方因诊断不当,仅以糖尿病和高血压症进行救治,经抢救无效于次日早晨死亡。后被害人的亲属邻里在为其办理丧事时,发现陆家种植的丝瓜上有小黑斑,怀疑他人投毒,故向公安报案后,经排查被告人陈某某被抓获。

---

* 原载于《刑事审判参考》总第 36 期。

【裁判要旨】

江苏省南通市人民检察院以被告人陈某某犯投放危险物质罪,向南通市中级人民法院提起公诉。在诉讼过程中,被害人陆某某的近亲属及另一被害人黄某花提起附带民事诉讼,要求被告人赔偿被害人陆某某丧葬费人民币3000元、死亡赔偿金人民币34,700元、抢救费及交通费1535.20元,黄某花医药费、交通费人民币269.2元等共计人民币39,594.4元。

被告人陈某某承认上述犯罪事实,但辩称被害人在犯罪的起因上有过错;其辩护人认为,被告人陈某某在受到被害人侮辱及谩骂的情况下,才起报复之念,且被害人自身有病,医院又救治不当,被告人投放甲胺磷并不能必然导致被害人死亡结果发生,请求法院酌情从轻处罚。

南通市中级人民法院一审认为,被告人陈某某故意在被害人所种植的丝瓜中投放甲胺磷农药,危害公共安全,造成二人中毒、其中一人死亡的严重后果,构成投放危险物质罪。被告人陈某某归案后,认罪态度较好,可酌情从轻处罚。被告人陈某某对其犯罪行为给附带民事诉讼原告人造成的经济损失合理的部分应予赔偿。对被害人的死因并非被告人投放甲胺磷必然导致的辩解理由,经庭审已查明,被害人系因有机磷中毒诱发高渗性昏迷,在两种因素共同作用下致亡,没有被告人的投毒行为在前,就不会有被害人死亡结果的发生,故对该辩护理由也不予采纳。遂于2002年12月24日作出(2002)通中刑一初字第41号刑事判决:(1)被告人陈某某犯投放危险物质罪,判处死刑,缓期2年执行,剥夺政治权利终身。(2)被告人陈某某赔偿附带民事诉讼原告人黄某花医药费及交通费人民币269.2元、被害人陆某某抢救费及交通费人民币 1535.2 元、丧葬费人民币 3000 元,合计人民币 4804.4 元。(3)驳回附带民事诉讼原告人的其他诉讼请求。

一审判决宣判后,被告人陈某某及附带民事诉讼原告人未提起上诉,检察机关未提出抗诉。南通市中级人民法院依法将本案报送江苏省高级人民法院对被告人陈某某核准。

江苏省高级人民法院经复核认为:被告人陈某某与被害人陆某某因修路等邻里琐事发生口角而心怀不满,故意在被害人所种植的丝瓜中投放甲胺磷农药,危害公共安全,其行为已构成投放危险物质罪。南通市中级人民法院对被告人陈某某的定罪量刑正确,审判程序合法。遂于 2003 年 5 月 7 日以(2003)苏刑复字第 025 号刑事裁定核准以投放危险物质罪判处被告人陈某某死刑,缓期 2 年执行,剥夺政治权利终身。

【法理评析】

一、投放危险物质罪与故意杀人罪的竞合与差异

本案被告人陈某某以故意杀人为目的,在被害人户外宅基地种植的丝瓜中注射农药,就其行为定性问题,产生构成故意杀人罪还是投放危险物质罪两罪之争。

一种观点认为:被告人陈某某为泄私愤投毒杀人,侵害对象特定,所侵犯的客体是特定被害人陆某某的生命、健康权,故本案应定故意杀人罪。

另一种观点认为:被告人陈某某向被害人种植的丝瓜中投注农药,起初虽仅以杀害被害人陆某某为目的,但因丝瓜生长在户外,极有可能被其亲友或邻近村民摘食,或被作为农贸产品在市场上流转危害不特定的消费者,造成不特定多数人的伤亡。被告人陈某某的行为已对社会公共安全构成危险,其行为构成投放危险物质罪。

投放危险物质罪是《刑法修正案(三)》第2条对《刑法》第115条第1款修改后,由最高人民法院和最高人民检察院在确定刑法罪名补充规定中,取消投毒罪名而予修订。立法修正与罪名变更的原因在于,采用投放有害物质致人重伤、死亡或者使公共财产遭受重大损失的犯罪手段和犯罪工具多样,仅以投毒罪罪名尚难概括,故以投放危险物质罪取而代之。

投放危险物质罪属于危害公共安全犯罪,指故意投放有毒有害物质,危及不特定人的生命、健康和公私财产的安全。而故意杀人罪是指故意地非法剥夺他人生命的行为,属于侵犯公民人身权利、民主权利罪。投放危险物质罪实行犯罪的手段多样,亦包含以投放危险物质的方法非法剥夺他人生命。因此,投放危险物质罪与以投放危险物质的方法实施的故意杀人罪之间容易产生混淆。两罪在犯罪方法和危害结果上有相同之处,在行为方式与犯罪结果的形式表现上存在竞合,在定罪处断上应适用法条竞合理论。两者同时也存在明显区别。

1. 两罪系法条竞合关系。法条竞合是指同一犯罪行为因法条的错综规定,出现数条所规定的构成要件在其内容上具有从属或者交叉关系的情形。从法条竞合的逻辑本质中可以看出从属关系是法条竞合的属性之一,即一个罪名概念的外延是另一罪名概念外延的一部分。从属关系的法条竞合可分为独立竞合和包容竞合两情形。独立竞合指一个罪名概念的外延是另一个罪名概念的外延的一部分,而犯罪行为正适合于这一部分的情形,即特别与一般的关系。

2. 两罪犯罪构成的差异。一是两罪侵犯的客体不同。投放危险物质罪侵犯的客体是公共安全,即不特定多数人的生命、健康或重大财产安全,侵犯的对象范围具有广泛性和难以控制性。而故意杀人罪侵犯的是特定公民的生命权,所侵犯对象具有局限性和可预见性。

二是两罪客观方面不同。投放危险物质罪既包括对不特定多数人的生命、健康或者财产造成的现实损害,也包括对不特定的多数人和公私财产足以导致严重损害的危险状态,属典型的危险犯,且行为一经实施即为既遂,无须结果的必定发生,故一般不存在犯罪未遂状态。而故意杀人罪在客观上表现为以暴力方式、或采用投放危险物质方式及其他不作为方式,实施非法剥夺特定人生命的行为,属结果型犯罪,对因意志以外的原因未产生死亡结果的,则犯罪未遂。

三是两罪的主观方面不同。投放危险物质罪与故意杀人罪同为故意犯罪,均有直接故意与间接故意之分,但前者以侵害不特定人与物为故意内容,后者则仅有非法剥夺特定公民个人生命的故意。

因此,区分两罪的关键就在于,所实施的犯罪是对人身权利的侵害还是对社会公共安全的侵害、是对特定人的侵害还是对不特定多数人的侵害。这里还应强调的是,投放危险物质罪中的不特定,是相对于特定而言,不特定并非罪行没有特定侵犯对象和目标,一般而言,实施投放危险物质犯罪,主观上有要侵犯的对象,对损害的可能范围也有所估计和认识,客观上亦有指向的目标,只不过其行为所造成或可能造成的实际后果往往是犯罪分子难可以控制的。

就本案的定性,笔者倾向于上述第二种观点,即被告人陈某某向他人种植的丝瓜中注射农药,构成投放危险物质罪。理由如下:

其一，随着市场经济的发展，农村自给自足的自然经济已被社会主义市场经济取代，菜农在宅基地、自留地上所种的各类蔬菜、瓜果不再局限于自己食用，而是将其作为商品在市场中进行交换，其中有毒瓜果可能因农副产品的流转而流向社会，对社会公众的生命安全构成威胁。被害人陆某某的丈夫就证实其时常将所种植的丝瓜等蔬菜瓜果送到市场出售或馈赠亲友。

其二，本案被害人所在乡村，经统一规划，人员居住相对集中，居民间的往来频繁，门前屋后均为开放式的自留地或宅基地，所种植的蔬菜、瓜果不排除被其左邻右舍摘食，或被用于被害人招待来客。而本案客观上也造成因假期至被害人陆某某家玩耍的另一被害人黄某华遭受毒害。与此同时，在被害人陆某某死亡后，案件未被侦破前，被害人的家属请左邻右舍办理丧事，其地点就在案发现场的丝瓜藤下，其中数根注射有甲胺磷农药的丝瓜尚结在丝瓜藤上，随时也有被他人摘取被众人食用的可能。从上述两点可以看出，被告人起初虽有明确的作案目标，但其客观行为已导致被害范围广泛且难以控制，符合投放危险物质罪的客观特征。

其三，被告人的上述客观行为亦可表明，被告人犯意形成之初，其内心深处是希望直接致害特定被害人，但其采用在夜间，使用一次性注射器，向他人户外种植的丝瓜中投注农药这一极其隐秘的作案方式，既可能导致特定被害人遭受毒害，引起死亡后果的发生，也可能导致其他人员伤亡危险的出现，对此被告人应当明知。故被告人主观故意的内容，因其对危害范围的扩大采用放任的态度，性质已发生根本性变化，从起初的杀人故意转化为投放危险物质、危害公共安全的间接故意，以致无辜被害人黄某花亦遭受毒害。且在毒丝瓜藤下为被害人操办丧事的众多人员的生命安全再次遭受严重威胁时,被告人就在现场,其不加阻止,而是听任危险状态的现实存在,放任的故意十分明显,具备投放危险物质罪的主观特征。

其四,从法条竞合形态的理论看待被告人的行为亦可看出,被告人向户外种植的丝瓜投放农药,在致特定被害人生命权丧失的同时,因被告人放任犯罪的心理态度,对不特定的社会公众构成威胁,其一行为已同时符合故意杀人和投放危险物质两个罪名的客观构成,且两客观构成要件中又存在包容关系,依法条竞合整体法吸收部分法的处断规则,本案亦应以投放危险物质罪一罪对被告人陈某某定罪量刑。

二、投毒行为与死亡结果间刑事因果关系的认定及其量刑意义

被害人的死亡后果对本案被告人陈某某犯罪行为的定性并不产生决定性影响,因为被告人投放危险物质,属危险行为犯,只要足以危害公共安全的行为一经作出,即为既遂,被告人的投毒行为与被害人死亡后果间的因果关系并非本案的犯罪客观构成的必要要件。但被告人的投毒行为与被害人死亡后果之间是否存在刑事因果关系对本案被告人的正确量刑有着重要意义,即死亡的加重后果是决定应否对被告人加重处罚的必要条件。对被告人投毒行为与被害人死亡后果是否存在刑事量刑因果关系,亦有两种不同的观点:

一种观点认为,被告人使用一次性注射器向数条丝瓜中注射半筒农药,其毒性有限,被害人因农药中毒诱发其自身患有的高血压和糖尿病,引起高渗性昏迷低钾综合征,加之医院诊断不准,贻误救治时机,故被害人的死亡与被告人的投毒行为之间无直接的因果关系,不能作为结果加重的量刑情节考虑。

另一种观点认为，被告人向丝瓜中注射农药，是引发被害人致命病症的直接原因，虽造成被害人最终死亡的原因又系多种因素共同所致，但被告人对其投放危险物质可能引起的危害后果是应当可以预见的，故被告人投放危险物质与被害人死亡的加重后果间仍具有刑法意义上因果关系，应对被告人的量刑轻重产生影响。

上述两种观点的争论围绕着投毒行为与死亡结果间刑事因果关系的有无及对量刑的影响而展开。

刑事因果关系是指刑事法律所规定的，客观上符合构成要件的危害行为与危害后果之间存在的，能够影响刑事责任的引起和被引起的关系。而刑法哲学中刑法因果关系应是事实因果关系和法律因果关系的统一。事实因果关系是一种引起与被引起关系的客观存在，而法律因果关系是这一客观存在所表现的法律特性。刑事法律因果关系可分为定罪因果关系和量刑因果关系，简单因果关系和复杂因果关系，直接因果关系和间接因果关系，决定性因果关系和一般性因果关系，但不管对刑事因果关系作何分类，事实因果关系始终是基础，法律因果关系始终是本质。就本案而言，欲探明被告人的投毒行为与被害人死亡结果间的刑事因果关系及其对量刑的影响，应从对本案事实因果关系的研究作为起点。

确定被告人的投毒行为与死亡结果间的事实因果关系，应首先明确导致被害人死亡的原因行为。原因行为一般是由各种条件或要素构成，从本案查明的事实看，其原因行为无非是投毒行为、医院救治不当行为、被害人自身的疾病等诸多基础性条件和要素的总和，这一原因的总和构成事实因果关系的原因总体，而上述原因行为的诸多条件与要素，均具有危害性，均与被害人死亡的危害后果有着联系。因此,被告人的投毒行为与被害人死亡间存在事实因果关系已成必然。而事实因果关系上升为法律因果关系取决于刑法对事实因果关系的价值判断,上述原因行为各要素中,投毒行为显然在客观上与主观上都具有社会危害性,刑法对其作了否定评价,故因投毒行为与死亡结果间的事实因果联系上升为法律因果关系,成为真正的刑事因果关系。医院救治不当行为及被害人自身疾病与死亡结果之间具有的非刑法意义的因果联系介入在刑事因果关系中,成为不可分割的一部分。

由于投放危险物质罪是危险行为犯,对其行为性质产生影响的是投毒行为与公共安全遭受危害之结果间的刑事因果关系,即定罪因果关系。而投毒行为与死亡结果间的刑事因果关系对被告人的定罪无实质意义,但对量刑有着重大影响,这一刑事因果关系即为量刑因果关系。

量刑因果关系是司法机关在已经确定犯罪成立和犯罪性质的基础上,在对犯罪分子量刑时,根据《刑法》第 61 条量刑基本原则的要求,所需考虑的各种危害结果与危害行为之间的因果关系。通过上文论述,已明确该量刑因果关系中介入了其他非刑法意义的因果联系,这使量刑因果关系的原因行为复杂,使该量刑因果关系成为复杂刑事因果关系。正因为其他因素的介入,又使其成为间接因果关系。但投毒行为与死亡结果间的因果关系在间接因果关系中起着决定性作用,成为决定性因果关系。没有投毒先行行为,就不会出现医院的救治,也不会出现误诊的可能;没有其投毒行为,被害人虽患疾病,不经其诱发致命并发症,不会立即死亡,且被告人对投毒行为可能产生的危害后果应当明知。因此,投毒行为是量刑因果关系中的关键因素,其与死亡结果间的关系越密切,对其量刑的影响越大。由于本案出现被害人死亡的加重后果,对被告人的量刑理应从重。但鉴于间接因果关系中介入因素的实际存在,属被告人不可预见的因素,故在最终量刑时应适当减轻被告人的刑事责任。一审、二审法院面对一人死一人中毒的严重后果,并未判处被告人死刑,立即执行,而是处以死缓,正是体现了量刑因果关系对量刑的影响。因此,上述第一种观点忽视了量刑因果关系中关键性因素与介入因素对量刑的不同影响,忽视了刑事因果关系的不同分类及其不同的量刑意义,观点过于片面。故笔者认为第二种观点是基本正确的。

刑法上因果关系的评判及刑罚处罚的必要性*

【裁判要旨】判断马某康、张某明放纵醉驾，玩忽职守行为与肇事者袁某兵交通肇事，造成严重后果之间否具有引起与被引起的因果关系时，应以马某康、张某明玩忽职守行为对危害结果是否能够发生作用以及发生作用的大小为依据；在考量马某康、张某明玩忽职守、放纵醉驾的社会危害程度，是否具有刑罚处罚必要性时，需要结合放纵醉驾的原因、已经采取的相关调查措施以及当地的社会环境等因素，进行综合评判。

【案情】公诉机关陕西省某某市某某县人民检察院。

被告人马某康，张某明。

2010 年 5 月，某某县某河村村民袁某兵购买了一辆“时风”牌机动三轮车。袁某兵未取得驾驶执照，也没有办理车牌和购买保险。2013 年 2 月 21 日（农历正月十二），袁某兵酒后驾驶该无牌照三轮车，被时任某某县交警大队某交警中队队长马某康、教导员张某明等人查获。某交警中队民警把袁某兵带至镇卫生院进行血液抽样、送检，并将袁某兵带至某中队询问，询问结束后，

---

* 原载于《人民司法》（案例）2017 年第 29 期。

马某康让袁某兵回家等候处理。三轮车在被开往某交警中队途中发生故障,民警将三轮车暂扣于马路边。经市血液酒精含量检验鉴定中心检测,检测结果为乙醇浓度 130.9mg/ml,超过醉酒标准。马某康安排民警罗某对查获袁某兵的情况在公安机关办案系统中作了警情录入,安排张某明带领罗某等人进行取证和寻找袁某兵工作。被告人马某康、张某明对已经发现的袁某兵涉嫌危险驾驶犯罪的事实,未按照刑事案件办理程序规定进行受理登记、上报请示立案,亦未作出行政处罚。负责袁某兵所在片区的教导员张某明没有向队长马某康提出对袁某兵醉驾犯罪案件的受理、上报请示立案意见,没有认真调查袁某兵去向,草草外围取证后,没有展开进一步调查工作,导致袁某兵醉驾案件一直被搁置。袁某兵自 2013 年 2 月 21 日被查获后,继续驾驶该无牌照三轮车从事非法营运活动,直至 2013 年 10 月 11 日发生交通事故,导致二人死亡。2014 年 3 月 4 日,县人民法院以袁某兵犯交通肇事罪,判处有期徒刑 3 年,宣告缓刑,缓刑考验期 5 年。

被告人马某康、张某明对起诉指控的案件事实不持异议。被告人马某康坚持认为自己无罪。

【审判】县人民法院认为,被告人马某康身为交警中队长,查获违章车辆不进行行政处罚,发现犯罪不上报立案侦查;被告人张某明身为交警中队教导员不向队长提出立案侦查的意见,且不认真查找袁某兵。二被告人不认真履行职责的行为,致使袁某兵违章车辆及犯罪得不到打击追究,导致袁某兵长期驾驶“三无”车辆从事非法运输活动,后发生死亡二人的严重交通事故,给国家和人民利益遭受重大损失。二被告人的行为构成玩忽职守罪。依据《刑法》第 37 条、第 61 条、第 67 条第 3 款、第 397 条的规定,某县人民法院判决被告人马某康犯玩忽职守罪,判处有期徒刑 6

个月;被告人张某明犯玩忽职守罪,免予刑事处罚。

一审宣判后,被告人马某康不服,提出上诉。陕西省某市中级人民法院认为,上诉人(原审被告人)马某康、原审被告人张某明身为交通警察,对2013年2月21日查获的"三无"车辆和查证的醉驾事实,不依法进行行政处罚,是一种失职行为,但该失职行为与袁某兵于2013年10月11日因操作不当发生交通事故无刑法上的因果关系,故马某康、张某明的行为不构成玩忽职守罪。依照《刑事诉讼法》第225条第1款第2项的规定,判决撤销陕西省某某市某某县人民法院(2014)紫刑初字第00045号刑事判决;上诉人(原审被告人)马某康、原审被告人张某明无罪。

【评析】本案在审理过程中存在两种截然不同的意见。一种意见认为,二被告人的行为构成玩忽职守罪。主要理由是:被告人马某康发现袁某兵涉嫌危险驾驶犯罪后,没有进行受案登记并上报立案侦查,又没有对袁某兵进行行政处罚;被告人张某明没有向中队长马某康提出立案侦查的意见,又没有认真查找涉案车辆和涉案人袁某兵,均属于不认真履行职责的行为,致使袁某兵长期无证驾驶"三无"车辆,处于失控状态,最终发生交通事故致二人死亡,故二被告人的行为构成玩忽职守罪。另一种意见认为,二被告人无罪。主要理由是:马某康、张某明放纵醉驾的行为与袁某兵交通肇事之间不具有刑法上的因果关系,即使马某康、张某明对袁某兵的醉驾行为作出处理,是否必然保证袁某兵不再非法运营,无法确定,故二被告人无罪。

笔者同意第二种意见。马某康、张某明放纵醉驾行为与袁某兵交通肇事发生重大损害后果之间不具有刑法上的因果关系,也不构成玩忽职守罪,但应当依法处以行政处罚。我们认为,上述两种分歧意见的根源不仅仅在于对马某康、张某明放纵醉驾与袁某兵交通肇事之间是否具有刑法上因果关系的认识上出现了偏差,而且还在于对马某康、张某明放纵醉驾行为社会危害性的综合评判上也有失公允。

1. 马某康、张某明放纵醉驾与袁某兵交通肇事之间不具有刑法上的因果关系

关于刑法上的因果关系,国外刑法理论有诸多学说,如条件说、原因说、相当因果关系说等;就我国刑法理论而言,也有必然因果关系说、偶然因果关系说等。尽管刑法理论对因果关系众说纷纭,但对刑事法官而言,针对具体刑事案件做出的判决只能是唯一的,而且是确定的。因此,如何准确认定危害行为和危害结果之间是否具有刑法上的因果关系,进而依据犯罪构成要件判断行为人行为的性质,成为刑事法官无法回避的问题。通常理解,刑法上因果关系特指危害行为与危害结果之间引起与被引起的关系,或者说危害行为与危害结果之间具有的合乎规律的联系。而引起与被引起的关系通常主要体现在危害行为与危害结果之间相互作用的关系上。因此,危害行为对危害结果是否能够发生作用以及发生作用的大小,成为考量危害行为与危害结果之间否具有引起与被引起关系时的重要因素。

其一,依据生活常识和生活经验,常见危害行为直接作用于犯罪客体或者犯罪对象的情形,如税收人员少收、不收国家税款,林木管理人员滥发林木开发许可证,往往会直接导致国家税收损失、林木被滥伐等危害后果,显然这两者之间具有直接的、必然的因果关系。另外,也存在危害行为没有直接作用于犯罪客体或者犯罪对象的情形、多因一果的情形。在危害后果发生的过程中,由于介入了其他因素,是其他人的行为或者其他因素直接造成了危害后果。常常表现为危害行为发生后,危害后果可能会发生,

也可能不会发生;可能发生这样的后果,也可能发生那样的后果。本案中,某某县法院(2013)紫刑初字第00090号判决书、事故责任认定书证明,袁某兵未取得机动车驾驶证,驾驶无牌号机动车,违反规定载人,操作不当,是造成事故的主要原因,承担事故的全部责任。换言之,马某康和张某明放纵袁某兵醉驾之后,介入了肇事者袁某兵自身的行为,系袁某兵未取得机动车驾驶证,驾驶无牌号机动车,违反规定载人,操作不当,造成了重大交通事故。马某康和张某明放纵醉驾行为没有直接导致袁某兵发生交通事故。因此,马某康和张某明玩忽职守,放纵醉驾行为与袁某兵交通肇事发生重大损害后果之间不具有直接的、必然的因果关系。

其二,从危害行为对危害结果发生所起作用的大小上,也可以判断危害行为与危害结果之间是否具有内在的引起和被引起关系。通常而言,如果前者危害行为必然导致后者危害结果的发生,则前者对后者的发生起到直接的必然的作用;如果没有前者,后者就不会发生,则前者对后者的发生所起作用大;反之,如果没有前者,后者可能不会发生,也可能会发生;可能这样发生,也可能那样发生,则前者对后者的发生所起作用较小。本案中,假设马某康和张某明没有放纵醉驾,马某康和张某明及时把袁某兵涉嫌醉驾犯罪进行刑事受案,并上报请示立案侦查,司法机关也依法追究了袁某兵的刑事责任,以危险驾驶罪判处袁某兵拘役(最高刑期为6个月,在司法实践中,判处拘役20天至2个月较为常见),袁某兵在短期服刑之后,是否再次无证驾驶"三无"车辆,不会造成重大交通事故,难以确定。在这一点上,本案与其他玩忽职守案件中行为人怠于履行职责没有及时将被监外执行人收监不同。如果及时收监,被监外执行人则被及时关进监狱或者看守所,被监外执行人一般不存在于监狱或者看守所之外继续作案的可能性。

也就是说，如果玩忽职守行为人及时、认真、正确地履行了职责，则完全可以避免危害后果的发生。在这种情形下，玩忽职守行为对后果的发生所起的作用大。而本案中，马某康和张某明放纵醉驾行为对袁某兵交通肇事危害后果的发生所起的作用相对较小。

在本案审理过程中，有人提出“渎职行为与危害后果之间具有客观关联的，应当认定具有因果关系。渎职行为与危害后果之间是否存在直接的或者必然的联系，不影响因果关系的认定”。对此我们认为，在考量渎职行为与危害后果之间是否具有客观关联时，还是应当紧紧围绕从危害行为和危害后果之间是否具有引起和被引起的关系上进行综合分析。不能机械地要求渎职行为与危害后果之间必须存在直接的、必然的联系，同时，也不能脱离渎职行为与危害后果之间合乎规律的联系，无限制地放宽，需要厘清原因行为与便利条件的界限。在重大责任事故类渎职犯罪案件中，如果一味坚持渎职行为和危害后果之间需要具有直接的、必需的因果关系，则很难认定、追究玩忽职守案件。反之，如果扩大解释，放松对因果关系的把握，则很可能导致滥用刑罚，侵害当事人的合法权益。本案中，马某康、张某明玩忽职守，放纵醉驾行为为袁某兵交通肇事造成重大损害后果的发生提供了一定的便利条件，例如，同一辆无证机动三轮车、同一个无证驾驶人员、驾驶人员同样酒后驾驶等，但是，还不宜认定二者之间具有客观关联，具有刑法上的因果关系。因此，马某康、张某明玩忽职守，放纵醉驾行为与袁某兵交通肇事发生重大损害后果的发生之间不具有刑法上的因果关系。

2. 马某康、张某明玩忽职守，放纵醉驾的行为不具有刑罚处罚的必要性，但依法应当处以行政处罚

首先，马某康、张某明身为交通警察，虽然已经依法履行了部

分职责,但是,客观上仍然存在玩忽职守,放纵醉驾的行为。2013年2月21日(农历正月十二),马某康和张某明查获村民袁某兵醉驾,在查扣车辆、抽血送检、依法询问后,应立即对袁某兵采取传唤、留置等措施,而马某康擅自让袁某兵回家等候处理明显不当。在获悉袁某兵血液酒精含量严重超标,已经超过醉驾标准,涉嫌危险驾驶犯罪以后,马某康安排张某明等人取回涉案三轮车、查找醉驾嫌疑人袁某兵。在张某明汇报涉案三轮车不在现场,没有查获袁某兵后,马某康没有采取进一步的调查侦查措施。张某明在查找涉案三轮车和袁某兵的过程中,没有到袁某兵家中向袁某兵的妻子、母亲、邻居,以及村干部调查,草率地向马某康作出袁某兵外出打工以及涉案三轮车不在现场的简单汇报。2013年3月5日,民警罗某向村民徐某田进行调查。在此之后直至2013年10月11日,在近8个月内,马某康没有再次亲自或安排他人进一步调查,没有追逃袁某兵,或者作出行政处罚,没有进行刑事受案登记,上报请示立案侦查。在此期间,张某明亦没有向马某康提出进一步采取调查措施,作出行政处罚,进行刑事受案登记,上报请示立案侦查的工作建议,马某康和张某明二人对袁某兵涉嫌危险驾驶犯罪的案件置若罔闻,客观上放纵了袁某兵继续无证驾驶“三无”车辆,漠视国家和人民利益随时可能受到袁某兵无证驾驶行为的潜在危害。

其次,在考量马某康玩忽职守、放纵醉驾的社会危害程度是否具有刑罚处罚必要性时,需要结合放纵醉驾的原因、已经采取的相关调查措施以及当地的社会环境等因素,进行综合评判。

其一,马某康在发现袁某兵醉驾后,采取了相关调查措施,却没有按照刑事案件办案规则及时上报立案并进一步采取调查侦查措施,但其原因较为复杂。一方面,除了正如马某康所述其没有认真学习刑事诉讼法以及办理醉驾案件的相关程序规定等自身原因，导致其自身履行职责的意识没有到位以外；另一方面，张某明等人没有采取有效措施扣留涉案三轮车，没有认真查找袁某兵，草率汇报袁某兵外出打工，也是一个客观存在、不容忽视的原因。尽管马某康轻信教导员张某明及下属的汇报，这种现象不应该得到肯定或者支持，但是，要求交警中队队长时时、处处怀疑教导员、下属的汇报，也很勉为其难。马某康在听取袁某兵外出打工的汇报之后，可能出于袁某兵外出打工确实难以查找的客观实际考虑，可能存在畏难动机而没有进一步采取调查侦查措施。因此，在衡量马某康玩忽职守，放纵醉驾行为的社会危害程度时，需要考虑如上复杂的原因和马某康已经采取的相关调查措施等因素，进行综合衡量，从而确定是否具有进行刑罚处罚的必要性。

其二，对马某康、张某明玩忽职守、放纵醉驾行为危害性的考量，以及采用刑罚处罚抑或行政处罚，还需要考虑当地较为特殊的社会环境。本案发生在陕西省南部山区较为偏僻的农村，驾驶人员袁某兵为普通村民，从事农村的农耕、短途运输，涉案车辆为机动三轮车，而非大型运输车辆。当地村民对酒后驾驶三轮车、醉酒驾驶机动三轮车危害性的认识，对交警放纵醉驾行为的认识，以及当地交通民警对酒后驾驶三轮车的处置等，认识可能与城市市民截然不同，不具有可比性。在大中城市无法容忍的现象在偏远山区则可能司空见惯。在大中城市一体遵行的规则在山区可能无人遵照执行。因此，结合我国西部较为偏僻山区当地村民的一般观念，对少数村民因经济原因，或者认识不到位等原因而无证驾驶、酒后驾驶农用机动三轮车，且未发生交通事故（专指 2012 年 2 月 21 日袁某兵被查获之时）的现象，可能具有相当的容忍度。尤其是在我国农历正月期间，元宵节之前。因此，对二被告人这种玩忽职守,放纵醉驾现象的处罚需要实事求是地结合当地社情,以期通过获得社会公众的认同,从而转化成当地社会公众一体遵行的行为准则,实现刑事司法一般预防和特殊预防的效果。

其三,在考量对马某康、张某明放纵醉驾行为刑罚处罚的必要性时,二人的主观认识因素也不容忽视。本案中,马某康、张某明不具有刑法意义上过于自信或疏忽大意过失的主观罪过。第一,不存在马某康、张某明已经遇见,或者应当遇见袁某兵可能继续酒后无证驾车,且发生重大损害后果的客观事实基础。如前所述,当天正是农历正月十二,亲朋好友之间走动喝酒,在偏远山村实属常见。第二,袁某兵继续酒后驾驶无证车辆,交通肇事造成两人死亡的后果远超马某康、张某明的合理预期。在当地村民驾驶机动三轮车从事农耕、短途运输比较常见的社会现实环境中,发生一些轻微交通事故实属常见,不发生事故则较为罕见。如果要求交通能够合理预见到袁某兵无证驾驶则发生事故,甚至发生重大交通事故,则明显不符合生活常识,对交通民警提出了极高也不合理的要求。

综上所述,马某康、张某明放纵醉驾行为与袁某兵交通肇事之间不具有刑法上的因果关系,不构成玩忽职守罪。

李某组织卖淫案*

——组织男性从事同性性交易，是否构成组织卖淫罪？

一、基本案情

南京市秦淮区检察院以李某犯组织卖淫罪，向法院提起公诉。秦淮区法院依法经不公开审理查明：2003年1月至8月，李某为营利，先后与刘某、冷某某等人预谋后，采取张贴广告、登报的方式招聘男青年做"公关人员"，并制定了《公关人员管理制度》。该管理制度规定："公关人员"台费每次80元，包间费每人50元(由客人付)，包房过夜费每人100元；最低出场费每人200元，客人将"公关人员"带离工作场地超过30分钟，"公关人员"可索要出场费并交纳80元；客人投诉某一"公关人员"超过3次，除对该人员罚款外，还立即除名；"公关人员"上岗前需交纳管理费200元和身份证原件，上岗后需交纳押金300元；符合管理规定，离店时押金全部退还；离店需提前15天书面申请，否则不退押金；"公关人员"上岗前须经检查、培训，服务前自备用具；必须服从领导，外出30分钟必须向经理请假，经经理或管理人员同意

* 原载于《刑事审判参考》2004年第3期(第303号)。

后方可外出，违者罚款 80 元；出场后，次日下午 2：00 前必须报到，每天下午 2：00、晚 7：30、夜 3：00 点名，点名不到罚款 80 元，等等。李某指使刘某、冷某某对“公关先生”进行管理，并在其经营的“金麒麟”“廊桥”“正麒”酒吧内将多名“公关先生”多次介绍给男性顾客，由男性顾客将“公关人员”带至南京市“新富城”大酒店等处从事同性卖淫活动。

李某辩称，其行为不构成犯罪。其辩护人提出，刑法及相关司法解释对同性之间的性交易是否构成卖淫未作明文规定，而根据有关辞典的解释，卖淫是“指妇女出卖肉体”的行为。因此，组织男性从事同性卖淫活动的，不属于组织“卖淫”，不危害社会公共秩序和良好风尚；依照罪刑法定原则，李某的行为不构成犯罪。一审法院认为：李某以营利为目的，招募、控制多人从事卖淫活动，其行为已构成组织卖淫罪，依法应予严惩。李某关于其行为不构成犯罪的辩解，其辩护人关于卖淫不包括男性之间的性交易的辩护意见不能成立。根据我国《刑法》的规定，组织卖淫罪是指以招募、雇佣、引诱、容留等手段，控制、管理多人从事卖淫的行为；组织他人卖淫中的“他人”，主要是指女性，也包括男性。李某以营利为目的，组织“公关人员”从事金钱与性的交易活动，虽然该交易在同性之间进行，但该行为亦为卖淫行为，亦妨害了社会治安管理秩序，破坏了良好的社会风尚，故李某的行为符合组织卖淫罪的构成条件。据此，依照《刑法》[①]第 64 条、第 358 条的规定，判决如下：

（1）被告人李某犯组织卖淫罪，判处有期徒刑 8 年，罚金 6 万元。（2）被告人李某违法所得 1500 元予以追缴。

---

① 此处《刑法》为 2002 年修正，现行《刑法》为 2023 年修正。

一审判决后，李某不服，以组织同性卖淫不构成犯罪、量刑过重为由，提出上诉。二审法院经审理认为，原审判决认定李某的犯罪事实清楚，证据确实、充分，适用法律正确，审判程序合法，应予维持。李某所提上诉理由不能成立。据此，依照《刑事诉讼法》[①]第189条第1项的规定，裁定如下：驳回上诉，维持原判。

二、主要问题

组织男性从事同性性交易活动的，是否构成组织卖淫罪？从表面上看，上述问题仅涉及"卖淫"一词内涵的界定，但在深层次上，其实质关乎整个罪刑法定原则下的刑法解释方法问题。

三、裁判理由

我们赞同本案二审法院的意见。我们认为，"卖淫"就其常态而言，虽是指女性以营利为目的，与不特定男性从事性交易的行为；但随着立法的变迁，对男性以营利为目的，与不特定女性从事性交易的行为，也应认定为"卖淫"；而随着时代的发展、社会生活状况的变化，"卖淫"的外延还可以、也应当进一步扩大，亦即还应当包括以营利为目的，与不特定同性从事性交易的行为（为论述方面，以下简称此种卖淫行为为"同性卖淫"）。对"卖淫"作如上界定，并不违背刑法解释原理和罪刑法定原则，相反，是刑法立法精神的当然要求，主要理由是：

1. 综上所述，至今，刑法本身及相关立法、司法解释均未曾对刑法中"卖淫"一词的内涵作出过明确界定，均未曾明确限定"卖

---

① 此处《刑事诉讼法》为1996年修正，现行《刑事诉讼法》为2018年修正。

淫”仅限于异性之间的性交易行为。鉴于此,认为“卖淫”也包括同性卖淫,并不与现行立法和有效刑法解释相抵触;或者说,至少在形式上并不违背罪刑法定原则。

2. 由于种种原因,辞典,尤其是非专业性辞典对某一刑法用语的解释,往往与我们对该刑法用语所作的规范解释不尽一致,有的甚至与刑法本身规定相冲突。例如,根据有关辞典的解释,“卖淫”是“指妇女出卖肉体”,而综上所述,在《关于严禁卖淫嫖娼的决定》作出后,刑法中的“卖淫”已明显不只限于妇女出卖肉体,也包括男性出卖肉体。再如,根据有关辞典的解释,“抢劫”是指“用暴力把别人的东西夺过来,据为己有”,这一解释,不仅明显与《刑法》第263条关于抢劫是“以暴力、胁迫或者其他方法”强行劫取公私财物的规定不尽一致,同时也模糊了抢劫与抢夺之间的界限,等等。此种状况表明,辞典对刑法用语的解释不能成为我们办理具体案件的“法律依据”;不能以辞典的解释取代我们对刑法用语的规范解释;对刑法用语作出不同于辞典解释的专业解释并不必然违背罪刑法定原则;相反,在有些场合下,是坚持罪刑法定原则的当然要求。

3. 我们认为,刑法所规定的“卖淫”的本质特征在于,其是以营利为目的,向不特定的人出卖肉体的行为。至于行为人的性别是男是女,以及其对象是异性还是同性,均不是判断、决定行为人的行为是否构成“卖淫”所要考察的因素。之所以这样理解,是因为无论是女性卖淫还是男性卖淫,无论是异性卖淫还是同性卖淫,均违反了基本伦理道德规范,毒害了社会风气,败坏了社会良好风尚。从此角度看,将同性卖淫归入“卖淫”范畴,以组织卖淫罪追究组织同性卖淫的行为人的刑事责任,并不违背而是完全符合《刑法》有关卖淫嫖娼犯罪规定的立法精神。

4. 根据刑法解释原理，对刑法用语，应当适应社会发展，结合现实语境，作出符合同时代一般社会观念和刑法精神的解释。这并不违背罪刑法定原则，相反是贯彻罪刑法定原则的当然要求。

关于欺诈客户问题的几点思考*

【内容摘要】本文通过分析欺诈客户的定义,并针对其严重的社会危害性,提出将其纳入刑法调整范围的立法建议,最后概述欺诈客户的几种行为方式,希望能为立法机关完善刑法,司法机关认定欺诈客户提供参考意见。

【关键词】欺诈客户　证券法　证券经营

一、欺诈客户的定义

对欺诈客户的界定,学界主要有以下观点:第一种观点认为,欺诈客户行为是指行为人(单位或个人)在证券发行、交易及相关活动中欺诈客户损害客户利益的行为。[1]第二种观点认为,欺诈客户是指欺诈人故意隐瞒实情或故意做出虚假陈述,致使客户做出错误的意思表示,从而损害客户利益的行为。[2]第三种观点认为,欺诈客户就是证券经营机构及其工作人员在履行职责义务时实施的故意诱骗投资者买卖证券的行为。[3]

上述观点对欺诈客户的本质和内涵作了剖析,有一定的道理,但也都有不足之处。

---

* 原载于《河南公安高等专科学校学报》2001 年第 3 期。

第一种观点的不足之处在于:(1)该定义中用"欺诈客户"诠释欺诈客户,违背了下循环定义的基本原则。(2)扩大了欺诈客户存在的阶段。证券市场上的欺诈行为既可能发生在证券发行过程中,又可能出现在证券交易过程中。证券交易过程中发生的欺诈行为,有的属于内幕交易、操纵市场、虚假陈述性质,也有的属于证券经营机构及其从业人员不忠实、不勤勉履行正常的受托、代理义务,从而损害客户合法权益的性质。本文研究的欺诈客户就是指行为人不忠实、不勤勉履行正常的受托代理义务之情形。它与内幕交易、操纵市场的主要区别在于它存在特定的行为主体(证券经营机构与委托人)之间,并且直接侵害了它们之间的委托信赖关系。

第二种观点的不足之处在于:"欺诈人"的范围不够明确。在证券发行市场上,客户主要有两类,一类是投资者,另一类是发行人。拥有客户的人主要有两类:一类是证券经营机构,包括证券承销商、证券自营商、证券经纪商、证券综合商以及投资基金管理公司;另一类是证券中介服务机构,包括律师事务所、会计师事务所、资产评估机构、证券登记结算机构、证券投资咨询公司。前者的客户主要是投资者,后者的客户主要是发行人。证券中介服务机构主要是负责证券行业中的特殊工作,如制作上市公司的资信评估报告、会计报告、法律意见书等,它们的客户主要是国家有关主管部门和广大的不特定的投资者。而证券经营机构的客户则是特定的,证券经营机构与客户之间有委托代理协议。因此,"欺诈人"实质上是指证券经营机构及其从业人员,属于特定的主体。

第三种观点指出了"欺诈客户"的行为主体与欺诈对象。但易与"证券欺诈"相混淆。《证券法》所指的证券欺诈,有广义和狭义之分,广义的证券欺诈包含内幕交易、操纵市场、虚假陈述、欺诈客户等。狭义的证券欺诈仅指行为人利用其受托人、管理人或代理人的地位,通过损害投资人、委托人、被管理人或被代理人的利益而进行证券交易,或诱导客户委托其买卖证券,企图由此获得利益或避免损失,或其他不忠实履行其委托人,管理人或代理人应尽的义务,损害客户利益的行为。显然,简单地将证券欺诈作为欺诈客户的同义语值得商榷。因此,笔者认为,专门研究发生在证券经营机构与委托人、投资者之间的侵害委托信赖关系、侵害委托人的合法权益的欺诈行为,对完善证券刑事立法可能更有意义。而要准确界定欺诈客户,必须将欺诈客户行为与其他证券欺诈区分开来,明确欺诈客户行为发生的阶段是证券发行阶段还是证券交易阶段,行为主体及侵害的直接客体。据此,我们认为,欺诈客户是指在证券交易过程中,证券经营机构及其从业人员违背客户真实意思,损害客户合法权益的行为。

二、将欺诈客户行为进行刑法规制的必要性

需要指出的是,我国《刑法》目前虽没有将欺诈客户规定为犯罪,但欺诈客户行为同样危害我国的证券市场,有必要将其纳入刑法调整的范围。具体理由如下:

1. 是切实保护投资者合法权益的需要。首先,根据 1998 年《证券法》[①]第 150 条的规定,普通投资者不能直接入场交易,需要委托证券公司将其所持的证券交给证券登记结算机构托管,实际的成交与交割都依赖于证券公司与证券登记结算公司,证券公司与证券登记结算公司的具体运作过程,投资者无从知晓,这对

① 现行《证券法》2019 年修订。

投资者很不利。其次,证券与一般物品不同,一般物品本身具有经济价值,证券本身则没有实在的经济价值,它的价值寄托于发行人的财务、业绩等因素上。也就是说,证券的价值不确定。因此最容易发生欺诈,损害投资者的合法利益。再次,我国证券市场的投资者中大多数是普通工薪阶层的小额投资者,他们的资金一般是工资性收入的结余,特别需要保护。最后,我国目前的证券交易过程中,欺诈客户行为屡屡发生,严重损害投资者合法权益的现象时有报道,对这种社会危害性严重的欺诈行为,仅仅规定一般的行政责任和民事责任显然不够,有必要将其纳入刑法调整范围。

2. 是维护证券市场秩序的需要。1998 年《证券法》要求证券市场主体在遵守公开、公平、公正原则的基础上,还应当讲信用,特别是投资者委托证券公司代理买卖证券以后,投资者的一切成交、交割手续都由证券公司及专业证券中介服务机构办理,证券公司以及证券中介服务机构及其从业人员应当忠实履行委托人的受托义务,否则,必然破坏证券市场正常的交易秩序进而使投资者丧失对证券市场的信心,因此,当欺诈客户行为严重侵害客户的合法权益时,在法律上除了设置行政责任与民事责任外,再设置一道最严厉的防线,即追究行为人的刑事责任,是保障证券市场健康运行的需要。

3. 国外和我国香港特区的立法先例值得借鉴,世界上许多国家和地区对证券市场的管理经验丰富,证券刑事立法也相当完备,我们可以借鉴他们的长处,如美国在法律中明令禁止欺诈客户行为对欺诈客户的行为除进行民事制裁以外,构成犯罪的,当事人将被判处 5 年以下有期徒刑,并处 10 万 ~ 50 万美元的罚款。我国香港特区证券法规规定,证券商未经委托人的书面特别授权,不得为任何目的将非其所有的任何证券作为自己贷款的保证,不得出借、转让该证券,违反者将被处以 2 万港元的罚款并处 2 年监禁。

三、欺诈客户罪的概念和特征

所谓欺诈客户罪,是指证券经营机构及其从业人员,违背客户的真实意思表示,损害客户合法权益,情节严重的行为。

本罪的主要法律特征:

1. 主体是特殊主体,即证券经营机构及其工作人员。如前所述,欺诈客户有其特定的内涵,它仅仅存在于具有委托代理关系的特定当事人,即证券经营机构的从业人员与投资者之间。在证券市场上,如果发行人或其代理人在将证券出售给投资者时未提供招股说明书,或者律师事务所、资产评估机构、会计师事务所、证券投资咨询机构等提供虚假证明,那么它们之间不存在特定的委托信赖关系,因为发行人或专业服务机构欺诈的对象是证券监管机构或者是不特定的广大投资者,发行人或证券专业服务机构及其从业人员不可能成为本罪的主体。

2. 客体是证券经营机构或称证券商与投资者之间的委托信赖关系和投资者的合法权益,是双重客体。在证券商的经纪业务中,证券商与投资者之间的关系属于委托代理关系,在代理客户交易过程中,证券商有义务坚持诚实信用原则,忠实、勤勉地处理受托事务,如果证券商以混合操作不当引诱,过量交易等欺诈手段处理受托事务,就违背了诚实信用原则,违背了其应尽的忠实、勤勉义务,侵害了证券商与委托人之间的委托信赖关系。另外,行为人的欺诈行为还直接侵害了客户的财产利益,使客户的财产流入了证券商的口袋,在许多场合下,还侵害了投资者的股东权以及其他相关权益,如投资者的收购上市公司的权利。

3. 客观方面表现为行为人在证券交易过程中,违背了客户的真实意思表示,损害客户的合法权益,情节严重的行为。首先,行为人的行为违反了有关证券交易的业务规则,这是构成欺诈客户的前提。其次,行为人没有忠实履行委托人、投资者委托的义务,并实施了交易行为,而且这种交易违背了客户的真实意思。最后,客观上给客户造成了严重的财产损失,或者其他严重的情节如行为人通过欺诈客户或谋取暴利,或造成投资者的重大经济损失,或造成恶劣的估值影响,或引起了社会动荡。

4. 主观方面是故意,即行为人故意使客户违背自己本来的意愿买卖证券,自己从中牟取非法利益,才构成本罪。如果行为人对客户的损失持否定态度,不希望自己的行为给投资者造成财产损失,即使是不慎造成了客户的错误理解,并由此给客户带来重大损失,也不属于欺诈客户。应当注意的是,客户的意愿是指客户做出买卖证券当时的意思,而不是指客户根据市场行情的变化又形成的新的投资判断,欺诈客户行为人的目的是获取更多的佣金或者是避免损失,行为人的动机不影响本罪的成立。

四、欺诈客户的行为方式

欺诈客户主要包括以下几种行为方式:

1. 混合操作。混合操作是指证券综合商将自营业务和经纪业务混合,即在有价证券交易中,证券商一方面接受投资者的买卖委托,经纪业务充当投资者的受托人;另一方面自己又买卖证券,即自营业务,具有双重身份。混合操作的主要表现形式是证券商利用自己的双重身份将经纪业务与自营业务加以混合,具体做法通常是,当客户委托买入证券时,证券商先以自营商的身份卖出证券,然后又以经纪商的身份买入该证券,当客户委托卖出证券时,先以客户的身份卖出证券,然后又以自营商的身份买入该证券,在这种交易过程中,证券商利用跑道场内交易席位的优势,抢先或拖后办理客户买卖业务,可能以委托高价买进而以委托最低价卖出公司自营低价买进、高价卖出,使自己在经营活动中转移所承担的风险,取得自己不应得到的利益,使广大客户、委托人的利益受到损害。混合操作的特点主要是投资者并不知道自己的相对交易人就是证券商。因此,这种行为具有很强的欺骗性、隐蔽性。

2. 违背指令。违背指令是指证券商违背客户的交易指令为其买卖证券,证券商在接受客户买卖证券的委托后,应当严格按照委托书所委托的证券种类、证券数量、证券价格、交易时间等指令进行,不得超出委托范围买卖证券,否则,证券商就违反了受托人的信赖义务,损害了委托人的利益。

3. 不当引诱。不当引诱是指证券商用欺骗手段诱导客户进行证券交易,在证券交易中,证券商可以对投资者进行投资诱导。正当的诱导是指证券公司在向客户推荐证券时,如实地提供有关证券的性质、价值以及上市公司其他客观的、没有遗漏重要事实的信息,以利于投资者作出正确的判断。不正当诱导是指证券公司在向客户推荐证券时,提供虚假信息或者以许诺非法利益为手段,引诱投资者买卖证券实践中,证券公司向投资者提供某种证券价格肯定上涨或下跌的判断,证券商向投资者允诺承担证券交易损失的一部或全部,给予投资者超出证券业公平竞争范围的条件诱导投资者买卖证券等都属于欺诈客户。

4. 过量交易或翻炒。过量交易是指证券商以多获取佣金为目的,诱导客户进行不必要的证券买卖。由于佣金是证券商的主要收入之一,佣金与交易量密切相关,佣金的多少取决于客户交易量的大小、交易次数的多少、单位时间内由于证券商代理的委托交易量越大、交易次数越多,证券商的佣金就越多。这正是证券商引诱投资者大量交易的主要原因之一。对于投资者而言,应当由投资者自己决定适量的交易金额、交易次数与交易频率。如果证券商以为自己谋取佣金为目的,诱导投资者做出不必要的交易,客观上导致投资者遭受可以避免的损失,就触犯了《证券法》的规定。构成过量交易。未经客户同意在客户的账户上翻炒证券。不顾对客户带来的后果,也属于违背客户意志的欺诈行为。

5. 其他方式。欺诈客户的其他方式是指除上述几种方式以外,其他违背客户真实意思,损害客户利益的情况。主要是指证券公司及其从业人员挪用客户所委托交易的证券或客户账户上的资金,私自买卖客户账户上的证券,证券登记结算机构将客户的资金用于质押等。

有一点需要指出,判断欺诈客户行为是否构成犯罪,要根据欺诈客户行为是否达到情节严重的程度,或者是否造成严重后果,或者有其他严重情节。如何确定情节严重,或者后果严重,或者有其他严重情节,应当具体案情具体分析。

【参考文献】

[1]陆世友等编著:《证券市场与证券犯罪探论》,立信会计出版社 1995 年版。

[2]符启林主编:《中国证券交易法律制度研究》,法律出版社 2000 年版。

[3]白建军:《证券欺诈及对策》,中国法制出版社 1996 年版。

对内幕交易问题的几点思考*

一、内幕交易的定义和《刑法》①第180条的罪名问题

有学者认为,内幕交易就是证券发行、交易过程中的内幕人员或者内部人员围绕内幕信息所实施的“利用”“泄露”“建议”行为。其中,“利用”就是利用知悉的内幕信息买卖证券;“泄露”就是将内幕信息的内容告知他人;“建议”就是根据内幕信息对他人的买卖行为提出倾向性意见。笔者不同意这种观点,理由是:因为从字面意义上讲,交易就是买入或者卖出证券。一般情况下,交易行为不应包含“泄露”“建议”行为。笔者认为,内幕交易,是指在证券的发行、交易过程中,内幕信息的知情人员或者非法获取内幕信息的人员利用其所掌握的内幕信息进行证券的买卖,以期获取非法利益或避免损失的行为。换言之,内幕交易是指内幕信息的知情人员或者非法获取内幕信息的人员,利用所掌握的内幕信息由未公开变为公开的时间差而进行的证券买卖。现实生活中这样的案例很多,例如,1993年9月16日晚,中国农业银行襄樊市信托安资公司上海证券营业部(以下简称襄樊上证)与深圳华阳保健品公司(以下简称深圳华阳)双方业务人员

---

* 原载于《审判研究》2002年第4期。

① 此处指1997年《刑法》,现行《刑法》为2023年修正。

在洽谈业务时，涉及深圳华阳将大量收购延中股票，襄樊上证在得知这一内幕信息后，即于9月17日至27日分三次自营购入延中股票62.78万股，并于10月7日高价抛出，获取巨额非法利润。这一案中，襄樊上证利用在洽谈中得知他人要收购延中股票的内幕信息，而自营购入该股票，侵犯了其他投资者平等的信息知情权，因此，中国证监会认定襄樊上证的这一行为触犯了《证券法》的相关规定，属于内幕交易。

由于内幕交易行为人利用了普通投资者所不知道的信息资源，获取了非法利益或者避免了损失，直接侵犯了证券市场上投资者平等的信息知情权，侵犯了投资者的合法权益，其必然造成投资者丧失对公开、公平、公正的证券市场的信心，挫伤其对证券市场进行投资的积极性，最终必将危害证券市场的健康发展。因此，内幕交易为世界各国法律所普遍禁止。如美国的部分州和联邦在20世纪二三十年代，就规定了对内幕交易的制裁措施。日本1948年制定的《证券交易法》，明确将内幕交易列入不正当行为之中；英国1939年通过的《防止欺诈法》、1989年通过的《公司法》，明令禁止从事内幕交易。

我国《刑法》第180条将“内幕交易”行为和“泄露内幕信息”行为合在一起加以规定，由此，关于这一条的罪名问题，学界的观点与最高人民法院《关于执行〈中华人民共和国刑法〉确定罪名的规定》、最高人民检察院《关于执行〈中华人民共和国刑法〉确定罪名的规定》确定的罪名不尽一致。有学者认为，本条罪名应该是内幕交易罪，最高人民法院与最高人民检察院的司法解释确定的罪名是内幕交易、泄露内幕信息罪。对此，笔者认为，上述学者的观点与最高人民法院与最高人民检察院的司法解释的分歧不是在于罪名的称谓不同，而是在于对内幕交易和泄露内幕信息有不同的理解。笔者认为,内幕交易和泄露内幕信息的性质是迥然不同的,前者指买入或者卖出证券,要求有交易行为的发生;后者是指行为人让不应当或者不宜知悉内幕信息的人员知悉内幕信息,不要求有交易行为的发生。因此,有学者认为在定罪时将泄露内幕信息行为包含在内幕交易行为当中,就不太合适,道理上也说不通,另外,笔者也不赞成司法解释将本条规定为选择性罪名,即内幕交易、泄露内幕信息罪,理由如下。

首先,刑法理论上的选择性罪名是指所包含的犯罪构成的具体内容复杂,反映出多种犯罪行为,既可以概括使用,也可以分解拆开使用的罪名。选择性罪名可以分为三种情况:一是行为选择;二是对象选择;三是行为与对象同时选择。判断选择性罪名的标准主要有两个:一是危害行为在性质、方式上的关联性;二是行为对象的相似性。如前所述,内幕交易行为与泄露内幕信息行为是性质不同的两种行为,而且这两种行为之间不存在关联性,内幕交易行为人并不一定必须通过泄露内幕信息才能达到目的,泄露内幕信息的人通常也不会亲自从事内幕交易。因此,将性质不同又没有关联性的内幕交易行为与泄露内幕信息行为解释为一个选择性罪名,违背法理。

其次,从我国《刑法》的规定来看,把几种行为规定在一个条文里,并不一定就是选择性罪名,立法者这样规定,主要是出于立法技术上简约条文的缘故,实质上还是几个不同的罪名。如《刑法》第 114 条规定的放火、决水、爆炸、投毒行为,应分别定放火罪、决水罪、爆炸罪、投毒罪。《刑法》第 180 条规定的内幕交易与泄露内幕信息的性质显然是不同的,应当是两个罪名,因此说,把《刑法》第 180 条解释成选择性罪名违背立法者的意图。

最后,现实生活中,的确存在行为人既从事内幕交易行为,又泄露了内幕信息的情况。依据最高人民法院和最高人民检察院的司法解释,只能定一个罪,而且只能在法定的量刑幅度内量刑。笔者认为,如果行为人既实施了内幕交易行为,又实施了泄露内幕信息行为,与行为人只实施了内幕交易行为或泄露内幕信息行为,这两种情形的危害程度是有轻重之别的,对这两种情形都依据司法解释的规定只定一个罪,并且只能在《刑法》第 180 条规定的法定刑范围内选择刑罚,不实行数罪并罚,可能会导致重罪轻判或轻罪重判,有损刑罚的公正性。如果将内幕交易行为与泄露内幕信息行为规定在两个条文中,或者在原来条文中把泄露内幕信息行为分出来作为第 2 款,或者通过修正司法解释,采用数罪并罚的原则处罚行为人既从事内幕交易,又泄露了内幕信息的情形,这样可以比较圆满地解决这个问题。

二、内幕交易的行为方式

关于内幕交易的行为方式,有学者认为应当包括以下几种:(1)内幕信息的知情人员买入和卖出该内幕信息所涉及的公司证券;(2)内幕信息的知情人员根据内幕信息建议他人买卖该种证券;(3)内幕信息的知情人员向他人泄露内幕信息,使他人利用该信息进行证券买卖;(4)其他内幕交易行为。也有学者认为内幕交易包括:(1)内幕人员利用内幕信息买卖证券或者根据内幕信息建议他人买卖证券行为;(2)内幕人员向他人泄露内幕信息,使他人利用该信息进行内幕交易行为;(3)非内幕人员通过不正当的手段或者其他途径获得内幕信息,并根据该信息买卖证券或者建议他人买卖证券行为;(4)其他内幕交易行为。

上述学者将建议他人买卖证券行为与泄露内幕信息行为都作为内幕交易的具体表现,笔者不敢苟同。笔者认为,建议他人买卖证券行为属于泄露内幕信息性质，理由是：泄露内幕信息，是指在内幕信息公开前，将处于保密状态的内幕信息公之于众，使之为公众知悉的行为。建议他人买卖证券，是指内幕人员在内幕信息公开前，根据内幕信息的性质和价值，对他人的买卖证券行为提出倾向性意见。由于内幕人员特殊的地位、职务等便利条件，使其倾向性意见本身就泄露了内幕信息，或者说具有泄露内幕信息的性质。可以说，内幕人员建议他人买卖证券本身属于泄露内幕信息的性质。

如前所述，内幕交易是指内幕信息的知情人员或者非法获取内幕信息的人员，在内幕信息公开前买入或卖出证券，如果内幕信息是利多信息，行为人就提前买入相关证券，待股价上涨后高抛；如果是利空信息，行为人就提前卖出相关证券。它与泄密行为迥然不同。正因如此，我们说建议他人买卖证券与内幕信息的知情人员向他人泄露内幕信息，使他人利用该信息进行证券买卖的行为，很难说就是内幕交易行为。现实生活中建议他人买卖证券主要有以下三种情况：(1)行为人明确将内幕信息告知他人，并建议他人买卖该种证券；(2)行为人虽未明确将内幕信息告知他人，但其建议他人买卖证券的方式足以使他人心领神会该建议与内幕信息有密切关系；(3)行业人没有明确告知他人内幕信息，仅仅提出自己的倾向性意见，而他人也无法得知这是根据内幕信息而做出的建议。这三种情况，由于建议者与信息接收者缺乏主观上的犯意沟通，客观上建议者又没有实施交易行为，信息接收者的交易行为与建议行为不是共同犯罪合作上的分工，因此，行为人的建议行为不属于内幕交易行为；只是前两种情况，被建议者可能构成内幕交易，而第三种情况，被建议者不可能构成内幕交易。因此，判断建议行为或泄密行为是否构成内幕交易，主要根据建议者与信息接收者之间是否有预谋或者说存在犯意联系，如果行为人之间是经过预谋，一方建议他人买卖证券或故意泄露内幕信息，另一方根据该信息买入或者卖出证券，共同获取非法利益或避免损失，则该建议行为、泄露内幕信息行为无异于内幕交易的准备行为，在刑法理论上属于共犯。如甲将公司有重大资产重组的信息泄露给朋友乙，乙趁机买入该公司股票。待消息公布后即将股票抛出，获得巨额非法利益，两人平分。本案中，乙构成内幕交易（甲、乙构成共犯），甲充当帮助犯的角色。

根据以上分析，现实生活中，内幕信息的知情人员或非法获取内幕信息的人员买入或卖出该内幕信息所涉及的公司证券是典型的内幕交易行为；另外，在行为人之间有预谋的情况下，内幕信息的知情人员根据内幕信息建议他人买卖该种证券，或者向他人泄露内幕信息，使他人利用该信息进行证券买卖的行为同样是内幕交易行为。除此之外，笔者认为以下几种情况也构成内幕交易：(1)公司内部人短线交易行为。短线交易是指公司的董事、监事、高级管理人员和持有法定比例以上股份的股东，在法定期间内，将本公司股票买进后卖出或者卖出后买进的行为。这里所说的公司内部人是指在公司中处于特殊地位，能够直接掌握公司运营的大权，易于接触公司的重要信息，拥有一般投资者无法比拟的资讯优势的人，如果他们利用所掌握的内幕信息，买卖本公司的相关证券，无疑构成内幕交易。这里的“持有法定比例以上股份的股东”与“法定期间”可以借鉴《证券法》[①]《公司法》[②]的规定。“持有法定比例以上股份的股东”是指持有公司已发行股份

---

① 此处为1990年《证券法》，现行《证券法》为2019年修订。

② 此处为1999年《公司法》，现行《公司法》为2023年修订。

5%以上的股东；“法定期间”实质6个月，即以一笔买入或卖出为准，向前推算6个月，或向后推算6个月，其间是否有相反交易行为。(2)为股票发行出具审计报告、资产评估报告或者法律意见书等文件的专业机构和人员，在该股票承销期内和期满后6个月内，买卖该种股票的行为。为上市公司出具审计报告、资产评估报告或者法律意见书等文件的专业机构及其工作、从业人员，自接受上市公司委托之日起至上述文件公开后5日内，买卖该种股票的行为。上述机构的职能就是为发行公司的股票发行工作进行审计、资产评估或者提供法律意见书，它们在工作过程中肯定知悉公司财务状况，了解公司的资产负供比例、资产经营状况、公司的经营前景等情况，如果他们根据所知悉的内幕信息买卖相关证券，也构成内幕交易。

证券交易所、证券登记结算机构、证券咨询机构及其从业人员、证券监督机构和法律、行政法规禁止参与股票交易的其他人员，在任期内或者法定期限内，利用信息优势买卖证券的行为。因为这些机构及其工作人员或从业人员具有特定的地位、职务等便利条件，有先于其他投资者得知公司内幕信息的机会，诸如公司新技术、新产品的开发，公司分红、上市公司收购等内部情况，这些信息都必然影响证券价格走势。当该类信息尚未公开时，掌握该信息的机构或人员，利用该信息优势从事证券交易，必然比一般投资者有更多的获利、避免损失的机会，而与其做对应交易的一般投资者则有受损的可能性，这将导致一般投资者对证券市场不信任，撤出投资，远离市场，阻碍证券融资渠道，危害很大。

需要强调的是，上述机构或从业人员从事的交易行为，是否涉及内幕交易的性质，关键是要看上述机构或从业人员在交易时实际所处的法律地位，是否真正掌握或知悉内幕信息，以及买卖的证券内幕信息是否有必然联系。

三、内幕交易的认定

认定内部交易关键要从以下几个方面把握:第一,行为人是否掌握内幕信息这是从事内幕交易的前提。至于行为,掌握的信息是否是内幕信息,可以根据该信息是否具有“未公开性”和“价格敏感性”来判断,行为人所掌握的信息如果具有“未公开性”和“价格敏感性”,那就是内幕信息。如果行为人所掌握的信息虽然具有价格敏感性,但是,该信息是公开的,或者尚未公开但不具有价格敏感性,则不能认定行为人利用的信息是内幕信息。对于非法获取内部信息的人员来说,证明其真正获取了内幕信息的关键,在于是否有证据证明其采用不正当的或非法的手段、途径,如窃听、行贿等来获取内部信息。

第二,行为人是否进行了相关证券交易。如果行为人仅仅掌握内幕信息,但没有从事任何证券交易行为,则谈不上内幕交易行为。

第三,行为人的交易行为是否是利用内幕信息进行的。内幕交易的成立是否以行为人利用内幕信息为必要条件?国内外都有学者认为“利用内幕信息进行交易”并不是成立内幕交易并构成犯罪的必要条件之一,不要求控方证实内幕信息与交易行为有关联性以及因果关系。只要行为人是证券交易内幕信息的知情人员或者非法获取证券交易内幕信息的人员,在内幕信息尚未公开前获悉内幕信息,并且买入或者卖出相关证券,即构成内幕交易;至于行为人是否实际上利用了该内幕信息,不影响内幕交易行为的成立。笔者不赞同这种观点,认为这是对《刑法》第 180 条第 1 款机械、孤立、片面的理解。

(1)《刑法》第180条第1款把内幕交易行为限制在“涉及证券的发行、交易或者其他对证券的价格有重大影响的信息尚未公开前”,字面上已经表明内幕信息与内幕交易之间有一定的因果关系,同时又包含了这样的一层意思:行为人是利用其持有内幕信息的优势,在其他投资者没有作出正确的判断之前,抢先交易,借此谋取非法利益或避免损失。《刑法》第180条虽然没有明文规定“利用内幕信息”的文字,但实际上包含“利用内幕信息”之意。

(2)从立法者的立法意图来看,法律明令禁止内幕交易行为,其根本原因在于防止证券内幕信息的知情人员以及非法获取内幕信息的人员在该信息公开前,利用其持有的内幕信息进行交易,以期获取非法利益或者避免损失。如果知悉内幕信息的人员并没有利用该信息优势进行交易,例如,在利空消息公布后买入或在利好消息公布前卖出,应当属于正当合法的公平交易,是证券市场的健康运行状态,应当受到法律的保护。

因此,笔者认为,内幕交易的成立应当以“利用内幕信息”为构成要件。如果只是简单要求行为人知悉内幕信息并且进行了交易,就构成内幕交易,这无疑是对行为人要求过于苛刻,同时损害了法律的公正性。然而,就司法实践来看,由于证券内幕交易的专业性、复杂性和隐蔽性很强,要求控方举证证明行为人利用内幕信息进行交易难度相当大,如此,可能使大量的内幕交易行为逃避了法律的制裁。正是因为考虑到这一点,笔者认为司法实务界可以采取一种折中的做法,罪过推定。证券内幕信息的知情人员或者非法获取内幕信息的人员在内幕信息公开前只要有交易行为,并且是在利好消息公布前买入,或者在利空消息公布前卖出,就可以推定行为人主观上具有利用内幕信息进行交易的恶意。推定其行为属于内幕交易行为,应负法律责任,不需要控方另外举证。这种做法应当说对控方和行为人都比较公平。只要有交易行为,并且是在利好消息公布前买入,或者在利空消息公布前卖出,就可以推定行为人主观上具有利用内幕信息进行交易的恶意。推定其行为属于内幕交易行为,应负法律责任,不需要控方另外举证。这种做法应当说对控方和行为人都比较公平。

第四,内幕交易达到"情节严重"的程度,才能构成犯罪。此处情节严重主要指以下几种情况:行为人获取非法经济利益,数额较大的;行为人进行内幕交易,买入或者卖出相关证券,数额巨大的;行为人的行为造成证券市场秩序混乱,如证券价格剧烈波动的;给国家、单位或个人造成重大经济损失的;造成恶劣政治影响的;多次进行内幕交易的;曾因进行内幕交易被查处,又再犯的等情节。

社区矫正工作之法院经验总结*

江苏省法院系统自2003年12月正式参与社区矫正试点工作以来，在深入理性分析的基础上，正确界定人民法院在社区矫正工作中的地位，明确人民法院应当发挥的职能作用，出台了比较完备的工作制度，着力准确把握社区矫正的适用对象，保证从源头上合法输出可塑之人、可矫正对象；从细节入手，规范工作流程，狠抓人民法院与社区矫正机构的衔接工作。试点一年多以来，形成了一些有特色的做法，取得了较好的法律效果和社会效果。2005年5月1日，江苏在全省广泛开展第二阶段扩大试点工作（区县不留空白），成为全国第一个全面试点社区矫正的省份。

一、更新刑罚理念，夯实社区矫正的思想基础

在社区矫正试点过程中，江苏省法院逐步认识到，要做好社区矫正工作，必须更新刑罚理念，社区矫正。

1. 更新报应刑理念，强化教育刑意识。众所周知，报应刑论者认为，刑罚是对犯罪这种恶行的以恶还恶，故刑罚要按照同态复仇原则进行。教育刑论者则认为刑罚并非仅对犯罪的报应，而是改造罪犯，预防犯罪，保护社会利益的手段，法院对罪犯判处刑

---

* 原载于《法律适用》2005年第10期。

罚不是以已然之罪为绝对原因,更是要预防未然之罪,以从根本上保护社会公众利益。当今报应刑论者早已不再是刑罚理论的主流,但报应刑理念还会对法官裁量刑罚产生一定影响,这在“严打”斗争初期表现的比较突出。法官在刑事审判中强调刑罚报应性较多,而对保障罪犯人权重视不够,教育、改造为主的理念则被置于忽略地位。回顾“严打”这段历程,我们发现在报应刑理念支配下的刑罚实践,虽然打压了当时犯罪猖獗的势头,但从维护社会长期稳定,实现刑罚根本目的,预防和减少犯罪方面来看,收效并不显著。随后的几年犯罪率并没有下降,只是在短暂的趋缓之后又进入新一轮上升期,导致被判刑入狱的罪犯人数急剧增加,监狱压力过大。因此,在试点中,江苏省法院摒弃报应刑理念,强化教育刑意识,注意在诉讼程序上保证程序的正当性,在诉讼期间保护当事人的诉讼权利、人身权利、财产权利免受非法侵害,在刑罚的方法和种类、刑罚量度调整以及刑罚的适用方面尽可能有利于对罪犯的教育改造,使其顺利重返社会,借以达到预防和减少犯罪,长期维护社会稳定的目的。

2. 更新重刑主义思想,强化刑罚轻缓化、行刑社会化意识。长期以来,社会寄希望于将罪犯关进监狱,剥夺其再犯能力,以防卫社会,维护社会安全和秩序,刑事审判也一直被视为惩罚犯罪的“刀把子”,因此在量刑上往往出现重刑主义倾向,监禁刑因此成为许多案件适用的主要刑罚措施。但是司法实践的社会效果证明了这种重刑主义传统刑罚观已经不再适应社会发展的需要,迫切需要重新审视。我们经过反思、调研,认为量刑可以轻缓化、行刑应趋社会化,并将这些理念体现在省法院出台的《量刑指导规则》和《关于参与社区矫正试点的若干意见》之中。同时,基于有利于教育改造罪犯的理念,江苏省法院对符合条件的轻刑犯,依法积极适用非监禁刑和非监禁的执行方法,努力推进行刑社会化。在试点中大家进一步认识到,非监禁刑和监禁刑一样,都是惩罚犯罪的一种重要形式,过分强调监狱的惩罚职能,片面认为犯罪人不进监狱就不是惩罚的观点是不明智的。对相当一部分罪犯的改造可以远离监狱,在社区环境内中完成。因此,在对犯罪分子判处刑罚时,能自觉注意抵弃重刑主义的束缚,适当考虑多适用轻缓的刑罚以便让其在社会上服刑。

简言之,江苏省法院将社区矫正视作一种有别于传统监狱,矫正的新的行刑理念和行刑方式,视作对现行的监禁刑为主执行方式加以变革的有力措施;更新刑罚理念,将尊重和保障人权的观念引入行刑领域,注重行刑的社会效果,并以此统一审判人员思想,指导刑事审判实践,稳妥推进社区矫正试点工作。

二、明确法院职能,准确把握社区矫正的适用对象

由于我国专门的社区矫正工作起步很晚,目前尚无明确的相关法律规定,关于公、检、法、司四机关在社区矫正工作中的地位、职能、分工问题,只能依据"两院""两部"《关于开展社区矫正试点工作的通知》中的相关规定执行。该通知规定:"人民法院要严格准确地适用刑事法律和刑事司法解释,依法充分适用非监禁刑刑罚措施和减刑、假释等鼓励罪犯改造、自新的刑罚执行措施。在处理非监禁刑、减刑、假释工作中,可以征求有关社区矫正组织的意见。并在宣判、宣告后,将判决书、裁定书抄送有关社区矫正组织。"这些规定明确了人民法院是社区矫正成员单位之一,处于积极参与和配合的地位,人民法院参与社区矫正的首要工作,就是发挥刑事审判职能,依法充分适用非监禁刑。"依法"即严格依据刑事法律和刑事司法解释适用非监禁刑罚和减刑、假释等

刑罚执行措施,从源头上保证社区矫正工作的合法性。"充分适用"即根据现有的法律规定,尽可能地、最大限度地适用非监禁刑罚和非监禁的刑罚执行措施。

由于人民法院的裁判是社区矫正的第一道"关口",人民法院对社区矫正适用对象的把握直接影响社区矫正工作的成效。为此,江苏省法院对现有法律规定可以进入社区矫正的五种罪犯(被判处管制、被宣告缓刑、被暂予监外执行、被裁定假释的、被判处剥夺政治权利,并在社会上服刑的罪犯),在试点中如何正确适用和把握进行了调研和指导。

1. 明确适用重点。要求对罪行较轻、主观恶性不大的未成年犯,轻罪犯,过失犯,老、弱、病、残犯,以及初犯等,依法尽可能多地适用社区矫正措施;对广大群众高度关注、深恶痛绝的"严打"范围的案件、社会影响恶劣的案件,一般不适用非监禁刑;对国家工作人员经济犯罪等腐败案件,在适用非监禁刑时要求从严掌握。

2. 加强对管制刑的适用。管制是我国《刑法》规定的唯一的非监禁刑主刑,是一种较典型的社区矫正方式。从司法实践来看,江苏省法院管制刑适用率很低。据统计,2003 年判处管制 612 人,占全部判处人犯的 1.27%;2004 年判处管制 739 人,占全部判处人犯的 1.4%,因此有必要加大判处管制刑的适用力度。故要求对刑法分则条文中规定有管制刑的,结合案件事实证据、量刑情节综合评判,只要被告人符合判处管制的法定条件,不予关押不致危害社会的,可以优先考虑判处管制,进入社区矫正。

3. 正确把握宣告缓刑的条件。根据刑法规定缓刑考验制度的目的,明确提出针对主观恶性小、社会危害性小、罪行较轻且具有悔罪表现的犯罪分子,尽量多宣告缓刑,不予关押,留在社会上予以监督改造。2003 年宣告缓刑 11,532 人,占全部判处人犯的 23.99%;2004 年宣告缓刑 13,422 人,占全部判处人犯的 25.49%。

4. 注意对暂予监外执行的适用和撤销。根据我国《刑事诉讼法》[①]第 214 条的规定,对于被判处有期徒刑或者拘役的罪犯,具有下列情形之一的,人民法院可以决定暂予监外执行:(1)有严重疾病需要保外就医的;(2)怀孕或者正在哺乳自己婴儿的妇女;(3)生活不能自理,适用暂予监外执行不致危害社会的。根据上述规定,我们要求只要符合以上条件的罪犯都可以适用暂予监外执行。但是人民法院在裁判后发现具有下列情形之一的,应当及时依法撤销暂予监外执行,移送监狱执行刑罚:骗取暂予监外执行的;以自伤、自残、欺骗等手段故意拖延暂予监外执行(保外就医)期限的;保外就医后不积极就医治疗的;暂予监外执行条件消失的;违反法律和行政法规等危害社会行为而必须收监执行的;其他应予收监的情形。努力不让暂予监外执行的罪犯脱管、失控。

5. 提高假释适用率。假释制度是监狱矫正与社区矫正衔接的一种制度。因为被假释的犯罪分子在监狱或劳改场所已经执行了一定刑罚,能认真遵守监规,接受教育改造,确有悔改表现,不致再危害社会,可以有条件地提前释放,进入社区矫正。一般来说,这类人员矫正效果较好。然而调查发现,江苏省的假释适用率非常之低,2003 年全省假释 903 人,假释率仅为 1.87%;2004 年全省假释 1015 人,假释率仅为 1.94%。对此,要求有关法院主动与监狱管理部门联系,多方查找原因,改变过去重减刑

① 此处为 1996 年《刑事诉讼法》,现行《刑事诉讼法》为 2018 年修正。

轻假释的观念,依法提高假释的适用率。

6. 探索解决外来犯罪人进入社区矫正“瓶颈”的途径。近年来,江苏南部的外来犯罪人员达到该地区犯罪人员总数的80%,由于其户籍和家庭在外地,给社区监管带来相当难度,成为其进入社区矫正的“瓶颈”。对此,江苏省法院与社区矫正管理部门沟通并达成共识:只要被告人符合社区矫正条件,都应当尽量判处非监禁刑,移送社区矫正,以体现执法公平。对那些已经在案发地实际居住,有固定住所和工作单位的外来犯罪人员,可移送案发当地社区矫正机构执行;对流窜作案的外来犯罪人员,只要原籍在本省,都可以移送原籍地社区矫正机构执行;原籍为外省社区矫正试点地的被告人,可以协调委托移送外省社区矫正试点地机构执行。

三、抓住三个环节,着力于社区矫正的衔接工作

社区矫正是一项综合性很强的工作,社区矫正工作涉及审判、刑罚执行、社区管理和群众工作等各个层面。人民法院参与社区矫正的另一项重要任务,就是将依法适用非监禁刑的罪犯安全地移送、交接给社区矫正机构,这也是社区矫正工作的有机组成部分。为此,江苏省法院系统从三个环节入手,加强了与检察、公安、司法等部门的密切配合,狠抓与社区矫正机构的衔接工作,实践证明是成功的。截至2004年12月底,试点法院共向当地的社区矫正机构移送社区矫正对象743人,其中试点之前判处的社区矫正对象473人,试点期间判处的社区矫正对象270人,无一漏送、错送。具体而言,主要狠抓了以下三个环节。

1. 审判中的衔接。包括法院在审理中征求社区矫正机构的意见,分析犯罪原因、家庭背景,评估是否具备管教条件,邀请社

区矫正人员参与判前社会调查或旁听庭审、对被告人是否判缓刑进入社区矫正提出评鉴意见;法官在庭审中对被告人加强庭审教育,以促使其认罪服法;同时调处钝化矛盾,促使罪犯真诚悔过;为其回归社会,接受社区矫正打下基础。实践中,常熟市法院试行缓刑案件听证制度,听取包括社区矫正机构人员在内的各方意见。南京市鼓楼区法院与试点单位宁海路街道达成协议,对宁海路街道辖区的可能判处非监禁刑的被告人,由街道司法助理员担任该案的人民陪审员,提前介入了解情况,宣判后让被告人当庭签订接受社区矫正保证书,由社区矫正机构办理入矫手续。省法院离退休法官协会的20多名老同志,作为志愿者积极参与社区矫正,帮助宁海路街道矫正机构对遇到的具体问题开展专题研讨,分析解释法律,做好法律服务。

2. 审判后的衔接。包括法律文书的移送、矫正对象的移送、相关手续的移交等。江苏省高级人民法院《关于参与社区矫正工作的若干意见(试行)》(以下简称《若干意见》)规定,人民法院对依法判处有期徒刑或拘役并宣告缓刑,或同时决定暂予监外执行、判处管制、单处剥夺政治权利的罪犯,应责令其填写接受社区矫正保证书并自判决、裁定生效之日起7日内,将裁判文书、起诉书副本、执行通知书、结案登记表和接受社区矫正保证书等相关文书,送达被告人户籍所在地(户籍所在地与经常居住不一致的,以经常居住的为准)的县(市、区)社区矫正机构(司法局)。户籍在当地的罪犯,应将其随同上述文书一并移送。对宣判前未被羁押的罪犯,人民法院应当以书面形式责令其自判决生效之日起7日内到户籍所在地的县(市、区)社区矫正工作机构办理登记手续。

常熟市法院联合当地司法局,对被判处缓刑的罪犯集中举行社区矫正交接仪式，由法院对矫正对象进行告诫，告知进入社区矫正必须遵守的相关法律规定，要求他们服从社区矫正机构的监督管理教育，定期参加公益劳动和汇报思想，好好改造，成为受社会欢迎的人。

张家港市法院探索制定出相关规定：(1)矫正对象至迟于判决书生效后次日签署“社区矫正保证书”和“责令告知书”，“社区矫正保证书”写明矫正对象对社区矫正的态度，载明矫正期间应当遵守的规则。“责令告知书”规定矫正对象必须在判决生效后7日内到矫正机构报到。(2)法院在判决生效后7日内，将结案登记表、执行通知书、刑事判决书、起诉书、社区矫正保证书一并移送至社区矫正机构。如此，既杜绝了社区矫正对象脱管、漏管现象的发生，又使矫正机构在矫正对象报到时已掌握该矫正对象的情况，有利于矫正机构有的放矢，适时矫正。

3. 矫正中的衔接。包括及时进行审理和裁判检察机关、执行机关及矫正机构提出的撤销缓刑建议、减刑建议；参与对重点对象的回访和帮教；协助社区矫正机构进行法律宣传，提供法律帮助等。《若干意见》规定，人民法院应当自接到执行机关提出的撤销假释或缓刑，收监执行的建议书后7个工作日内组成合议庭审理，并作出是否撤销假释或缓刑，收监执行的裁定。应当撤销暂予监外执行决定的，由负责执行的公安机关提请撤销暂予监外执行的建议书，原判人民法院在收到建议书后7个工作日内组成合议庭审理，并作出决定。暂予监外执行期限需要延长的，原判人民法院应当及时进行核查，并于暂予执行监外执行期限终止前5个工作日内作出决定。人民检察院认为人民法院假释和暂予监外执行的裁(决)定不当，在法定期限内向人民法院提出书面纠正意见的，有关法院应当在收到纠正意见后1个月内重新组成合议庭审理,并作出最终裁(决)定。为了配合社区矫正组织从事教育转化工作,以达到预防犯罪和减少犯罪,维护社会稳定目的,《若干意见》特别规定,人民法院应充分利用审判资源,积极配合社区矫正组织对矫正对象进行法制教育,定期回访考察,适当辅之监管令、社区服务令、训诫、责令具结悔过等非刑罚的处罚手段,将人民法院在延伸帮教、综合治理工作中的一些行之有效的做法纳入社区矫正工作中,参与延伸帮教。

此外,各级人民法院还注意主动与其他试点成员单位联系,交流情况,商议解决问题,联合出台规范性文件,及时总结经验教训,改进和完善各衔接环节的工作,均收到了较好的效果。

帮助毁灭、伪造证据罪若干问题实证探微*

【内容摘要】帮助毁灭、伪造证据罪犯罪行为直接作用的对象即"证据"范围不应当无限制宽泛,而应当限于刑事证据,对伪造民事证据、行政证据的行为应非犯罪化;犯罪行为人帮助抛弃昏迷中的被害人在实质意义上具有帮助毁灭证据的性质;本罪的配刑不能体现罪刑相适应原则,即罪刑不均衡,应当设置与包庇罪相对应的刑罚档次。

【关键词】刑事证据　被害人　配刑

1997 年《刑法》[①]第 305 条至第 307 条,对证据犯罪问题进行了细化,其中第 305 条[②]第 2 款规定了帮助毁灭、伪造证据罪。但综观 1997 年《刑法》施行以来实践中发生的案例,笔者认为该法条仍需要进一步完善,有如下问题值得进一步探讨。

---

* 原载于《湖北社会科学》2009 年第 5 期。

① 现行《刑法》为 2023 年修正。

② 现为第 306 条。

一、帮助毁灭、伪造证据罪实施行为直接作用的对象

关于帮助毁灭、伪造证据罪实施行为直接作用的对象,即刑法法条中明确规定的“证据”,以及对“当事人”的理解,有人认为应该比较宽泛解释,有以下几种说法:第一种说法认为刑法法条中规定的“证据”包括刑事证据、民事证据和行政证据;[1]第二种说法认为被帮助的“当事人”既指刑事诉讼中的犯罪嫌疑人、被告人、自诉人,又指民事、行政诉讼中的原告、被告、第三人等;[2]第三种说法认为帮助毁灭、伪造证据罪中的“证据”仅指刑事诉讼中的刑事证据,明显违背刑法的明文规定,有放纵犯罪分子之嫌。[3]对此,笔者持不同意见。笔者认为,还是应当严格限制此罪中“证据”的范围,以刑事证据为宜。因为我国法律对刑事证据、民事证据、行政证据的收集、固定、采信的具体要求,刑事证据、民事证据、行政证据本身对案件的证明价值和意义,证明案件事实要达到的证明标准等方面的规定明显不同,是否一定要用刑罚规制帮助当事人毁灭、伪造民事证据、行政证据的行为,涉及该行为犯罪化与非犯罪化的问题。

首先,由刑法谦抑性决定。谦抑,是指缩减或者压缩。[4]刑法的谦抑性是指立法者应当力求以最小的支出——少用甚至不用刑罚(而用其他替代措施),获取最大的社会效益——有效地预防和抗制犯罪。[5]刑罚作为解决社会冲突、处理社会矛盾的最后一道防线,是最不得已而采取的以恶治恶的方法,是否将某种危害行为纳入自己的规制范围,取决于该危害行为是否具备犯罪的最基本特征,即是否具有相当严重程度的社会危害性、刑罚是否在所难免,且二者不可缺一。就行为人帮助当事人毁灭、伪造民事、行政证据妨害司法而言,该行为无疑具有一定程度的社会危

害性,依法应当追究相关行为人的法律责任,但是尚不属于必须采用刑罚措施的情形。因为我国现行基本法律针对妨害民事、行政证据行为已经配置一整套相当完备、非常严密的法律措施,如《行政诉讼法》第49条第2项①规定和《民事诉讼法》第102条第1项②规定的措施不仅涵盖的行为范围比毁灭、伪造证据广泛(包含隐藏证据情形),而且处罚方式多样、灵活性强、便于实施,一般足以惩治和预防出于非法目的而帮助当事人妨害民事、行政证据的违法行为。换言之,此时的刑罚不是不可避免。不启用国家最严厉的刑罚手段,也可以有效地维护民事、行政司法秩序。

其次,由民事诉讼、行政诉讼的性质、意义、证明标准决定。民事诉讼关乎平等主体之间的人身权利和财产利益,在诉讼中实行平等、自愿、权利自由处分和谁主张谁举证等原则,兼有举证责任倒置制度,采用优势证据的证明标准。行政诉讼解决的是行政争议,即行政机关和法律、法规授权的组织因行使职权实施公务活动与公民、法人或者其他组织之间引发的纠纷。根据《行政诉讼法》的规定,原告只能是行政相对人,即认为行政机关的具体行政行为侵犯了自己的合法权益的公民、法人或者其他组织。被告只能是做出具体行政行为的行政机关和法律、法规授权的组织。被告对作出的具体行政行为负有举证责任,应当提供作出具体行政行为的证据和所依据的规范性文件。刑事诉讼关乎犯罪嫌疑人、被告人的人身自由乃至生命权利,采用排除一切合理怀疑的证明标准,对收集、采信、审查判断刑事证据较民事诉讼、行政诉讼提出更高的要求。如果行为人帮助当事人毁灭、伪造刑事

① 现为第59条第2项。

② 现为第114条第2项。

证据妨害刑事诉讼活动，则既可能造成无辜者受到刑事法律追究，失去人身自由乃至生命；又可能放纵有罪的犯罪分子，使犯罪分子逍遥法外，继续危害社会，社会危害性相当严重，这是行为人毁灭、伪造民事证据、行政证据所无法比拟的。笔者认为，对行为人通过毁灭、伪造民事证据、行政证据方式妨害民事诉讼、行政诉讼的，应当着重从经济利益、物质利益方面使行为人得不到任何非法的收益，同时处以非刑罚措施，可以起到报应和预防犯罪的作用。而对于通过毁灭、伪造刑事证据方式妨害刑事诉讼，根据行为人主观恶性的程度和严重的社会危害性，则需要启动刑罚机制，严惩不贷。

再次，在刑事审判实践中，行为人帮助当事人毁灭、伪造民事证据、行政证据而被追究刑事责任的情形已经虚置。刑事法网的严密性是立法者在立法阶段所追求的终极目标之一，在司法阶段严密的法网又成为司法者公正司法的前提和依托。综观 1997《刑法》施行以来的刑事司法审判实践，行为人因帮助当事人毁灭、伪造民事证据、行政证据而进入刑事诉讼程序的案例几乎没有。据我国某省高级法院的司法统计，该省 2006 年、2005 年、2004 年分别审结帮助毁灭、伪造证据案 4 件 8 人、4 件 4 人和 4 件 6 人。审结的帮助毁灭、伪造证据案，均系因为帮助当事人毁灭、伪造刑事证据而被依法追究刑事责任，没有因为毁灭、伪造民事、行政证据妨害诉讼活动而被立案、侦查、起诉、审判的案例。

最后，最高人民检察院法律政策研究室于 2002 年 9 月 25 日发布了《关于通过伪造证据骗取法院民事裁判占有他人财物的行为如何适用法律的答复》。该答复主张：对行为人以非法占有为目的，通过伪造民事证据骗取法院民事裁判占有他人财物的，不宜以诈骗罪追究行为人的刑事责任。如果行为人伪造证据时，实施了伪造公司、企业、事业单位、人民团体印章的行为，构成犯罪的，以伪造公司、企业、事业单位、人民团体印章罪追究刑事责任；如果行为人有指使他人作伪证，构成犯罪的，以妨害作证罪追究刑事责任。可见，此答复的主要精神是：在民事诉讼中，对伪造民事证据妨害民事审判工作正常运行的，国家公诉机关对是否动用刑罚措施持非常谨慎的态度，不主张以证据犯罪为由追究行为人的刑事责任，构成其他犯罪的，以相关罪名追究当事人的刑事责任。另外，如果行为人伪造民事证据骗取法院民事裁判占有他人财物的行为不构成伪造公司、企业、事业单位、人民团体印章罪、妨害作证罪的，是否追究行为人伪造证据犯罪的刑事责任，该答复持明确的否定态度（“无中生有”型编造证据的，可以依据最高人民法院关于虚假诉讼的相关规定定罪处罚）。

二、帮助抛弃昏迷中的被害人能否认定为帮助毁灭证据

在当下的司法审判中，司法实务部门对行为人帮助刑事案件的犯罪人抛弃被害人尸体、碎尸、毁灭犯罪工具等情形认定为帮助毁灭证据性质不存在异议。但是，在刑事案件“当事人”致被害人昏迷以后，行为人误认为或者确信被害人已经死亡，而帮助“当事人”抛弃所谓的被害人“尸体”，最终系“当事人”实施的先前行为和后期行为人实施的抛弃行为的结合导致被害人死亡的情形，能否认定为帮助当事人毁灭证据，意见分歧很大。

我国某省曾经发生这样一起刑事案件：被告人杨某某与被告人马某（女）长期保持不正当性关系，为此被告人马某的丈夫被害人李某和马某经常吵打。案发当天，马某打电话给杨某某，称李某要到自己打工的工厂来吵架，叫杨某某过来一下。随后被害人李某在被告人杨某某家附近与马某发生吵打，李某在打骂马某

的同时，指桑骂槐，暗骂杨某某。杨某某见此情形，即用事先准备好的铁管连续打击李某头面部数十下（马某事先没有和杨某某有伤害、杀害李某犯意的沟通，马某也没有参与殴打被害人李某），致李某深度昏迷。杨某某用手摸了被害人李某的鼻子，发现没了呼吸，耳朵侧在李某胸部，听不到心跳。杨某某以为李某已经死亡，将此情况告诉马某，马某深信为真。为防止事情败露，逃避司法机关追究，马某便和杨某某一起将被害人李某用拖车运至一桥上，抛入河里。马某和杨某某又清洗杨某某和被害人李某打斗现场的血迹。经鉴定，李某系严重颅脑损伤后溺水死亡。

针对本案，对被告人马某帮助抛弃被害人李某的行为是否属于帮助毁灭证据，有两种不同的观点：一种观点认为，昏迷中的被害人是活体，不能被视为罪证，因为《刑事诉讼法》中没有这种证据种类，否则就是对人性的亵渎；另一种观点认为，在特定的情况下，抛弃昏迷中的被害人致被害人死亡也可以认定为帮助毁灭罪证，可以据此追究犯罪分子的刑事责任。笔者同意第二种观点。但是，需要同时具备严格的条件。

我国《刑事诉讼法》第 42 条[①]规定，证明案件真实情况的一切事实，都是证据。证据有物证、书证、证人证言、被害人陈述、犯罪嫌疑人、被告人供述和辩解、鉴定结论、勘验检查笔录、视听资料七种。依据诉讼法理论通说，刑事证据具有客观性、关联性和合法性三个基本特征，即证据事实必须是随着案件的发生、发展的过程而遗留下来的，不以人们的主观意志而存在，同案件事实存在某种必然联系，对案件事实具有证明的价值和意义，并且依照法律规定的诉讼程序，进行收集、固定、保全和审查认定。这是

① 现为第 50 条。

任何证据材料进入刑事证据范畴，具备证据资格的最基本要求，也是刑事证据七个法定种类的上位概念。在有被害人的刑事案件中，被害人作为身体器官机能正常、身体完整、生命健康的自然人个体，在受到外力的侵害以后，身体器官机能正常、身体完整、生命健康的特质发生变化，这个变化是随着刑事案件的发生、发展的过程而遗留下来的，对案件事实本身具有相当的证明价值和意义。从我国的刑事审判实践看，被害人活体乃至被害人尸体，在司法工作人员法律思维中已经作为刑事证据在收集、固定、审查、核实，只不过在形式上将其演变、转化成《刑事诉讼法》规定的合法的证据种类，如尸体检验鉴定结论、勘验检查笔录、被害人陈述等。在上述案例中，被害人李某被殴打致严重颅脑损伤，这本身是能够证明被告人杨某某杀害李某犯罪事实的有力证据（以鉴定结论形式）。对被告人马某而言，其主观上确信被害人李某已经死亡，意图抛弃李某“尸体”帮助杨某某逃避司法机关的追究，结合马某的主观故意和客观行为，笔者认为，可以认定马某的行为具有帮助毁灭证据性质。[1]但是，应当具备严格的条件。该条件是：必须排除行为人马某间接故意杀人和过失致人死亡的可能。详言之，行为人主观上必须不具有希望、放任被害人死亡的犯罪故意和不具备应当预见被害人没有死亡的犯罪过失。否则，如果不能证明这一点，被告人马某的行为可能更符合间接故意杀人或者过失致人死亡的构成要件。

三、帮助毁灭、伪造证据罪的配刑问题

在审理帮助毁灭、伪造证据罪案件过程中，司法工作者、被害人一方及发案地社会公众普遍感受到，帮助毁灭、伪造证据罪的法定刑与被告人犯下的罪行不相适应。针对前述案件，对马某的

量刑就有不同看法。普遍看法认为,案发的起因在于马某,马某目睹情夫与丈夫打斗而不予制止,以致发生命案,违背伦理道德;马某明知杨某某犯下重大杀人罪行,却为帮助情夫逃避法律追究而毁灭重要罪证,主观恶性深重,在应然意义上,应当承担重大的刑事责任。对此,笔者认为,1997 年《刑法》第 307 条第 2 款设定的刑罚量明显与犯罪人犯下的罪行不相均衡,违背罪刑相适应原则。这是立法上对犯罪和司法上对犯罪人分配刑罚的问题。[6]

1997 年《刑法》第 5 条规定:“刑罚的轻重,应当与犯罪分子所犯罪行和承担的刑事责任相适应。”内容包括:有罪有罚(无罪无罚、有罪当罚)、轻重其罚(轻罪轻罚、重罪重罚)、罪刑同质(此罪此罚、彼罪彼罚)、一罪一罚(单罪单罚、数罪数罚);[7]还意旨立法者针对犯罪设置罪刑均衡的法定刑,司法者针对犯罪人裁判罪刑相当的判定刑,要实现刑罚的轻重与犯罪的轻重相适应、刑罚的性质与犯罪的性质相适应、刑罚与犯罪情节、犯罪人的人身危险性相适应,重罪重刑、重罪重判、轻罪轻刑、轻罪轻判。因此,笔者认为,重罪重刑、轻罪轻刑是重罪重判、轻罪轻判的前提和基础,只有立法者依据罪行轻重的层次预先配置轻重有别的法定刑阶梯,司法者才能在此框架内裁量出轻重其罚的判定刑,没有法定刑的阶梯则无法裁判出有层次的判定刑。另外,司法实务中遇到的量刑轻重问题也可以反思刑事立法的公正性、正当性。因此,设置科学、罪刑均衡的法定刑显得非常重要,很难想象在一个罪刑不相称、不公正的法定刑框架内能作出公正的刑事判决。针对行为人帮助毁灭、伪造证据犯罪而言,立法者设置的法定刑与犯罪人的罪行相比明显较轻,应当配置与 1997 年《刑法》第 310 条规定的包庇罪相对应的刑罚档次。

从帮助毁灭、伪造证据罪与包庇罪的渊源看,1979 年《刑法》

将行为人帮助当事人毁灭罪迹、毁灭、伪造证据、作假证明，帮助犯罪嫌疑人、被告人逃避法律追究的情形，均解释成“作假证明包庇”的行为，以1979年《刑法》第162条第2款规定的包庇罪定罪处罚。而1997年《刑法》将行为人帮助当事人毁灭罪迹，毁灭、伪造证据的行为单列出来，另行规定为帮助毁灭、伪造证据罪。1997年《刑法》实施以前由于没有专门规定帮助毁灭、伪造证据罪，司法实践将帮助当事人毁灭罪迹、毁灭、伪造证据行为类推解释为作假证明包庇的行为，在当时的刑法理论和司法实践的背景之下，有特定的积极意义和存在价值。自1997年《刑法》设立帮助毁灭、伪造证据罪之后，如果行为人帮助当事人毁灭、伪造证据，情节严重的，根据罪刑法定原则，则符合帮助毁灭、伪造证据罪的构成要件。然而，将帮助毁灭、伪造证据罪从包庇罪中分离，并不说明帮助毁灭、伪造证据罪的社会危害程度、犯罪人应承担的刑事责任发生了质的变化、应受刑罚责难的程度就明显轻于包庇罪，与此相反，两罪仍然同属于妨害司法的犯罪性质，将帮助毁灭、伪造证据行为单列是出于立法技术考虑希冀进一步明确“作假证明包庇”具体含义的结果。

从帮助毁灭、伪造证据行为的依附性看，分析、判断帮助毁灭、伪造证据行为的社会危害程度，不能局限于帮助毁灭、伪造证据的行为本身，而必须综合该行为所毁灭、伪造证据的性质以及该证据对犯罪人定罪量刑的价值和意义，必须结合毁灭、伪造行为依附的上游犯罪的罪质、罪量而论。司法实践中，有的行为人帮助交通肇事司机更换肇事车辆零部件、破坏肇事现场痕迹，有的帮助犯罪人抛弃被害人尸体或碎尸灭迹或者毁灭杀人工具，可见，上游交通肇事与故意杀人等犯罪的性质、社会危害程度、犯罪人主观恶性程度等方面存在很大的差别，对毁灭、伪造重大犯罪案件中关键证据的犯罪行为设置3年以下有期徒刑或者拘役,很难发挥刑罚的惩罚功能,对犯罪人起到惩戒、预防作用。正如有的学者所言,由于惩罚是对一种已然的犯罪强加的,它绝不会不是一种报应。而现行《刑法》规定的包庇罪有两个量刑档次,即犯包庇罪,处3年以下有期徒刑、拘役或者管制;情节严重的,处3年以上10年以下有期徒刑,可以较好地对应复杂多样、形形色色的帮助毁灭、伪造刑事证据犯罪的个案。因此,笔者认为,帮助毁灭、伪造证据罪可以效仿包庇罪设置两个量刑幅度,即帮助当事人毁灭、伪造罪证据,情节严重的,处3年以下有期徒刑、拘役或者管制;情节特别严重或者造成严重后果的,处3年以上10年以下有期徒刑。

【参考文献】

[1]赵敏:《论帮助刑事案件的当事人毁灭、伪造证据的行为认定》,载《河南司法警官职业学院学报》2006年第12期。

[2]刘杰:《帮助毁灭、伪造证据罪若干问题研究》,载《中国人民公安大学学报》2004年第3期。

[3]彭峰:《帮助毁灭、伪造证据罪客观要件再探》,载《前沿》2006年第4期。

[4]甘雨沛、何鹏:《外国刑法学》(上),北京大学出版社1984年版。

[5]陈兴良:《刑法哲学》(修订版),中国政法大学出版社2004年版。

[6]邱兴隆:《配刑原则统一论》,载《中国社会科学》1999年第6期。

[7]白建军:《罪刑均衡研究》,法律出版社2004年版。

试论证券法中的虚假陈述*

【内容摘要】虚假陈述的概念是指负有信息披露义务的单位或个人，在证券发行、证券交易活动中，违反信息披露制度，在有关文件中虚构事实或遗漏事实，诱骗证券投资者的行为。证券市场中虚假陈述的行为方式有多种。需对虚假陈述行为进行分类，同时认定虚假陈述行为应当注意一些问题。

【关键词】虚构事实　遗漏事实　行为方式　虚假陈述

在证券法中，信息露制度是其核心制度之一。这个制度要求证券发行人、上市公司以及其他证券中介服务机构必须真实、准确、完整、及时公开有效信息，让广大投资者充分在公开、公正、公平、诚实信用的基础上，理智地作出正确的投资决定。而虚假陈述行为正是侵害这个制度的“祸根”，直接侵害投资者的合法权益，影响投资者对证券市场的信任，因此，有必要对虚假陈述进行深入、系统的研究，为正确适用《证券法》提供参考和依据，以保护证券投资者的合法权益，保障证券市场有序、合理、健康地发展。

---

* 原载于《政法学刊》2001 年第 4 期。

一、虚假陈述的概念

关于虚假陈述的解释，目前学界主要有以下三种观点：第一种观点认为：虚假陈述是行为人（单位或个人）对证券发行、交易及其相关活动的事实、性质、前景、法律等事项作出不实、严重误导或含有重大遗漏的，任何形式的虚假陈述或者诱导，致使投资者在不了解事实真相的情况下，作出证券投资决定的行为。第二种观点认为：虚假陈述是证券发行、交易过程中，对投资者和国家证券监管部门负有如实、全面信息公开或报告义务的自然人或者法人，故意违反信息公开制度，在招股说明书、认股书、公司债券募集办法、上市公告书、定期报告书、临时报告书等文件中，就公司状况或公司内部人士的竞业情况等重大实质性内容，进行谎报、遗漏、误测、误导市场的欺诈行为。[1]第三种观点认为：虚假陈述是指证券发行人、证券经营机构、证券服务机构以及其他依法应向国家证券管理机关或股东和社会公众提交报告、证明、说明、申请、记录等文件的人，违反证券法规，在提供的文件中，故意作虚假的、严重性误导的或重大遗漏的陈述，情节严重的行为。[2]上述三种观点有共同之处：（1）都指出了虚假陈述的行为主体是负有披露有关信息义务的单位或个人。根据《证券法》的有关规定，这些单位或个人主要是证券发行人、上市公司、证券经营机构、资产评估机构、会计师事务所以及其他证券中介服务机构，它们在证券发行、交易过程中，负有依法披露有关信息的义务，也就是说披露有关信息是它们的职责，它们不是拒绝履行或者欺诈履行这项职责，不得制作虚假文件披露虚假信息。（2）虚假陈述是发生在证券发行、交易过程中。在证券发行、交易过程中，证券发行人、上市公司、证券经营机构、证券中介服务机构等负有披露有关信息的义务,他们有可能制作虚假发行文件欺诈发行证券,诱骗投资者买卖证券。从行为性质上讲,虚假陈述还可能发生在证券监督管理过程中,例如,证券监督管理机构滥用职权或者不尽心尽责审批文件,造成不符合条件的发行人发行证券、不符合条件的上市公司上市交易,侵害投资者利益的情况发生,我们认为这种情况不宜作为虚假陈述行为论处,因为证券监管机构是代表国家行使监管职能,应当按照渎职行为论处比较合理。(3)虚假陈述严重侵害了证券市场上的信息披露制度或者称信息公开制度。信息披露制度是虚假陈述行为侵害的直接客体,这与证券交易过程中欺诈客户行为有不同之处,欺诈客户行为直接侵害了证券商与投资者之间的委托信赖关系以及投资者的合法权益,也与内幕交易侵害了投资者平等的信息知情权以及操纵市场行为侵害证券市场平等的竞争机制有所区别。(4)虚假陈述的表现形式是行为人虚构事实和遗漏事实。根据《证券法》的有关规定,证券发行人、上市公司、证券经营机构、资产评估机构、会计师事务所以及其他证券中介服务机构在履行其职责、出具有关法律文件时,应当尽心尽责,保证所出具文件的真实性、完整性、准确性,不得遗漏(包括隐瞒)《证券法》规定的重要事实,或者编造《证券法》规定的重大事件,否则应当承担法律责任。

上述几种观点也有不足之处,我们认为,作为一个法律术语,应是既能反映事物的本质,又简洁明了。第二种说法可谓面面俱到,唯恐有遗漏之处,但显得有些烦琐。第三种说法对提交的有关文件的名目列举较多,其实用"有关文件"来概括即可;概念中用故意来限定行为人的主观罪过有失全面,在披露信息的过程中,遗漏重大事实的情况的确有可能是出于过失。第一种说法,言简意赅,行为人在招股说明书、认股书、公司债券募集办法、投资基金募集办法、上市公告书、定期报告书、临时报告书、公司股东持股报告和持股变动报告、收购报告等文件中做隐瞒或者遗漏重要事实或者编造重大虚假内容,其结果就可能引诱投资者基于错误的认识、判断进行投资,损害投资者的利益。可是,其概念表述中"严重误导"的含义不够明确,概念中出现"虚假陈述",可以说是循环解释,这是大多数人不常用的定义方法。扬弃上述三种观点的缺陷,借鉴其中的优点,我们认为,虚假陈述是指负有信息披露义务的单位或个人,在证券发行、交易活动中,违反信息披露制度,在有关文件中虚构事实或遗漏事实,诱骗投资者买卖证券的行为。这里具有信息披露义务的单位、个人,主要指证券发行人、证券交易所、上市公司、证券经营机构、证券中介服务机构及其从业人员。

二、虚假陈述的行为方式

从有关资料来看,各国家、地区的法律对虚假陈述的行为方式的理解是不同的:美国《1933 年证券法》和《1934 年证券交易法》将虚假陈述描述为,当注册发行文件生效后,如发现有重要事实的不实陈述、误导或重大遗漏,购买证券者可依法向有管辖权的法院提起诉讼……[3] 日本的《公司法》第 490 条则将其规定为,发起人、董事、监察人、外国公司的代表者或接受募集股份或公司债委托者,在募集股份或公司债时,作出对重要事项不实记载的股份申请书、公司债申购书……

从语言学意义上讲,虚假是"不真实"的意思,虚假陈述就是不真实的、不符合事实真相的陈述,一种陈述(包括记载)要么是真实的,要么就是不真实的,不可能存在介于真实与不真实之间的情况。所以,有的学者认为虚假陈述是指行为人在提供的文件中,故意作虚假的、严重性误导的或重大遗漏的陈述。[2]笔者不敢同意这种说法。误导性陈述的内涵是什么?可能很难说清。但也有论著[4]坚持说,误导性陈述指发行者披露的信息含糊其词、模棱两可,或者蜻蜓点水、若隐若现,容易引起误解、误信。我们认为这种解释有悖于法律的准确性,是不可取的。

在证券市场上,由于投资者心系自己未来的财产利益,加上证券市场上各种信息沸沸扬扬,投资者很难判断其真伪,说它是真实的,又觉得不完全可信,说它是不真实的,又觉得似乎有道理,真假混杂。这可能就是所谓"误导性信息或陈述"。但是,我们认为,虚假陈述作为一个法律概念,特别是作为司法机关定罪量刑的依据,应当有一个客观的评价标准,一种陈述(或记载)要么是真实的,要么是虚假的,否则,容易导致定性不准,出入人罪,日本和我国台湾地区的证券相关规定为"不实记载"就比较科学。因此可以说,虚假陈述应当包括两种情况:一种情况是虚构事实,表现为无中生有,虚构客观上不存在的事实;另一种情况是遗漏事实,表现为没有披露客观上存在的情况。虚构事实使本来不存在的信息传给了信息接收者,遗漏事实使本来存在的信息没能传给信息接收者。两者都是不真实的记载。

1. 虚构事实。虚构事实是指行为人就不存在的事实所作的陈述。表现为无中生有、制造为无中生有、制造假象,虚构发行人偿债能力、虚构投资价值、虚构成本费用利用率、夸大发行人实力、虚报盈利等,总之,行为人设法使投资者投资。典型的例子有"琼民源"案,海南民源现代农业发展股份有限公司(以下简称琼民源)于1995年4月30日在深圳交易所上市,1994年该公司的年度报告显示其每股收益不足一厘;1996年8月公布的中期报告反映每股收益为0.277元;1996年1月和2月公布的年度报告称1996年实现利润5.7亿元,本年度增加资本公积金6.57亿元,每股收益为0.867元。随后,市场反应强烈,公司股价波动异常。经过中国证监会历时一年的调查,发现琼民源的年度报告严重违反会计法规和证券法规,报告中所说的5.7亿元利润中5.4亿元是假的,而所称的公积金6.57亿元更纯属虚构,虚构资金共计10亿余元,证监会认定已经构成严重的虚假陈述行为。[5]

2. 遗漏事实。遗漏就是没有披露应当披露的信息。在法律上,负有特定义务的人能够履行该义务,当为、能为而不为,或者说是消极地不实施法律要求实施的行为,就是一种不作为。在信息披露过程中,行为人没有披露应当公开的信息,是属于应当披露、能够披露而没有披露的情况,就是一种不作为;从行为人的主观方面看,大多数是出于故意,也可能是出于过失。但在后一种情况下,行为人对其遗漏行为给投资者带来的损失结果,是持一种完全否定的态度。故意遗漏证券法规定的重大事实就是隐瞒真相,就是把真相掩盖起来不让人知道,[6]就是指行为人违反《证券法》的规定,没有公开应当公开已经存在的公司状况的行为。在隐瞒行为中,所披露出来的信息可能是真实的,但是,行为人没有公布应当公布的重要信息,这样无疑会给投资者造成一种假象,客观上必然诱导投资者作错误的投资决定,从而损害投资者的经济利益。实践中经常表现为隐瞒公司的投资风险,隐瞒公司的债务、重大资产流失情况或者公司的生产经营情况或者重大的诉讼情况等。这样的案例在证券市场上比较常见,如1997年,石家庄宝石电子玻璃股份有限公司(以下简称宝石公司)的主导产品黑白玻壳和显像管的市场不断萎缩,产品大量积压;1997年6月,黑白玻壳和显像管生产线相继停产。根据《证券法》的规定,应当及时公开披露这个信息,而当年的报告却隐瞒了这一事实,直到1998年4月30日才予以披露。后来,中国证监会对该公司做了处罚。[5]

三、虚假陈述行为的分类

关于虚假陈述的分类,有论著从不同的角度,把它分为多种类型。如根据证券发行、交易的程序和信息公开的阶段性要求,将其分为一级市场中的虚假陈述和二级市场中的虚假陈述;根据信息公开的不同对象,将其分为针对公众的虚假陈述和针对证券监管机构的虚假陈述;根据陈述内容的不同,将其分为关于公司状况的虚假陈述和关于公司内部人士竞业状况的虚假陈述等[1]。由于虚假陈述行为发生在证券发行、交易的整个过程中,涉及证券发行人、上市公司、证券公司以及其他证券中介服务机构及其从业人员(不同的行为人承担的法定义务不同,所承担的证券法律责任也不一样),受侵害者甚众,从不同的角度对虚假陈述进行分类,可以使人清楚地认识虚假陈述的真实面目;便于司法机关有针对性地预防、惩治虚假陈述行为;在立法机关修订、完善《证券法》时,也可以使其认识到哪些虚假陈述行为客观存在,危险严重而没有纳入刑事调整范围,可以帮助严密我国的证券刑事法网。鉴于此,笔者根据不同的行为主体,对虚假陈述进行以下分类。

1. 证券发行人、上市公司、证券经营机构及其从业人员的虚假陈述。《证券法》规定,证券发行人、上市公司于发行证券或上市之初,应向证券监督管理机构、社会公众提交或公布招股说明书、认股书、公司债券募集办法、投资基金募集办法、财务会计报告等文件、报告,在这些文件、报告中不得编造重大虚假内容或隐瞒重要事实。证券交易过程中,出现的情况有:夸大、虚报盈利,少报或不报亏损，夸大公司的经营环境，缩小投资风险，隐瞒公司重大债务、重大诉讼、重大投资行为、订立重要合同或主要资产恶毒抵押情况，等等。

2. 专业证券中介服务机构及其从业人员的虚假陈述。1998年《证券法》第161条规定，为证券上市或证券交易出具文件的注册会计师及其所在事务所、专业评估人员及其所在事务所、律师及其所在事务所，在履行职责时，应当按照本行业公认的业务标准和道德规范，对其出具文件内容的真实性、准确性、完整性进行核查和验证；上述专业机构，就其所负责的内容弄虚作假的，没收违法所得，并处以3万元以上30万元以下的罚款，并由有关主管部门责令该机构停业，吊销直接责任人员的资格证书。造成损失的，承担连带赔偿责任。构成犯罪的，依照《证券法》第202条和《刑法》的相关条款追究行为人的法律责任。

四、虚假陈述的认定

虚假陈述的认定对确定罪与非罪、此罪与彼罪有重要的意义，不论法学理论研究人员，还是司法工作人员都不能忽视或回避这个问题。如何准确认定虚假陈述？其一，看行为主体是否具有披露信息的法定义务，如果有关单位或个人没有披露信息的义务，则不构成虚假陈述；其二，看虚构或隐瞒的是否是重要事实，如果虚构或者隐瞒一般非重要事实或细小环节或非实质性内容，则可以通过民事、行政手段来处理，不需要刑罚介入。除此以外，认定虚假陈述时，还应注意以下几个方面的问题。

1. 虚假陈述与客观事实发生变化的诚实陈述。

虚假陈述有两种表现形式，一种是虚构事实，另一种是遗漏事实。前者是无中生有，后者是有而藏之；前者让投资者得到不真实信息,后者是让投资者有真实信息得不到。两者的结果或目的都是误导投资者陷入一种错误的认识和判断中,作出对欺诈者有利的投资决定。现实生活中可能这样一种情况,信息披露义务人披露的信息在当时是真实的、准确的、完整的,也是很及时的;然而,在证券市场上,公司、企业商务往来中不确定因素太多,可以说事事有变、时时有变。真实的信息转眼之间就变成虚假信息,是否也是虚假陈述呢?关于这方面,国内外都要求当事人披露的应该是有效信息(eificiet disclosuer),即要求所披露的信息须正确反映客观事实;当以前披露的信息变得不准确时,信息披露人须以更正,使它能够正确反映当前的事实,这一责任被称为合时义务(duty to update)[7]。只要行为人当时披露的信息是真实的,即使客观事实发生了变化,也改变不了诚实陈述的性质。

2. 虚假陈述与金融诈骗的区别。

全国人大常委会1995年6月30日通过的《关于惩治破坏金融秩序犯罪的决定》和1997年《刑法》,将发生在金融领域的诈骗(或称为欺诈)行为从传统的诈骗中单列了出来,规定了集资诈骗、金融票据诈骗、信用证诈骗、信用卡诈骗、保险诈骗等几种特殊的诈骗行为。从犯罪构成要件方面分析,这几种行为都是以“非法占有”为构成犯罪的必要条件,例如,以非法占有为目的,使用诈骗方法集资,就是集资诈骗;倘若行为人主观上只有占用集资款的目的,不是为了占有集资款,则符合非法吸收公众存款或变相吸收公众存款的要件。再如,行为人以非法占有贷款为目的,采用编造虚假文件(假合同、假项目、假的产权证明作抵押等)的方法诈骗银行或其他金融机构,构成贷款诈骗,这没有疑问;但是,倘若行为人利用虚假文件骗取银行或其他金融机构的贷款,主观上不是为了占有,而是骗用贷款,即主观上没有非法占有贷款的目的，该如何处置呢？现行《刑法》没有直接的依据。在性质上，两者都是一种欺诈行为，客观上都骗取了银行或其他金融机构的贷款，都严重侵害了国家对金融机构贷款的管理秩序，都造成了大量资金脱离金融机构控制的严重后果。在这个问题上，有论著[8]指出这是虚假陈述的金融欺诈(原文是诈欺)与非法占有的金融欺诈(原文是诈欺)的差别之所在。虚假陈述的金融欺诈是指以非法获取利益为目的，违反金融法规，在金融业务中虚构事实或隐瞒真相，以非法获取利益的行为。它要求使被欺诈人陷于错误的认识和判断的虚假陈述行为，不以造成实质性的危害结果为要件，是行为犯，它主要表现在证券发行、交易活动中，证券欺诈就是指这种形式[8]。非法占有的金融欺诈是指以非法占有为目的，在金融业务活动中虚构事实或隐瞒真相，以非法占有财物的行为，是结果犯，以造成一定危害结果为构成要件。上述我国《刑法》中规定的信用证诈骗、集资诈骗、贷款诈骗就是指这种形式。

非法占有的金融欺诈以造成特定的损害后果为要件，比较容易认定；而虚假陈述的金融欺诈有时则不可能造成物质性的损害后果(行为人制作虚假文件申报股票上市而当时被证券监管机关查出、用虚假的产权证明作担保向银行贷款而当时被查出等)；有时造成的后果则很难找到确实、充分的证明。因此，笔者认为，有必要设定这样一条规则：在保险业、证券业、银行业、信托业的业务活动中，只要行为人实施了虚假陈述的行为，即可构成犯罪，无须证明这种行为造成严重的损害后果。这样不仅可以减轻司法机关的举证责任，而且可以规范我国证券业、银行业、信托业、保险业的业务管理，严密我国经济刑法法网，对惩治这种金融欺诈行为具有重要的意义。这种做法不是独创，国外的法律很早就有类似的立法规定。

3. 虚假陈述与伪证的区别。

根据我国《刑法》第305条的规定，伪证是指在刑事诉讼中，证人、鉴定人、记录人、翻译人对与案件有关的情节，故意作虚假证明、鉴定、记录、翻译、意图陷害他人或者隐匿罪证的行为。在客观方面主要表现为对与案件有重要关系的情况作虚伪陈述或销毁罪证、制造伪证（这里主要谈虚假陈述的行为）。关于虚伪陈述，有两种情况，一是虚构、捏造犯罪真实；二是隐瞒客观存在的犯罪事实。具体表现为证人作虚伪证明、鉴定人制作虚假鉴定、翻译人作虚假翻译、记录人作虚假记录，妨害司法活动。行为方式上与证券市场中的虚假陈述没有什么区别，都是在主观故意的心理支配下实施的行为。但是，伪证与证券市场中的虚假陈述的区别还是很明显的：第一，侵害的客体不同。前者发生在形式诉讼中，侵害了国家司法机关正常的诉讼活动；后者发生在证券市场证券发行与交易过程中，侵害了国家对证券市场的管理制度。第二，行为主体不同。前者的行为人是证人、鉴定人、记录人、翻译人，而后者的行为人是负有信息披露义务的单位或个人。第三，被害人不同。前者的被害人是特定的，而后者的被害人是不特定的，可以是一般投资者，也可以是证券监管机构、证券自律性组织。第四，针对的对象不同。前者是虚伪记载或隐瞒与案件有重要关系的事实或情节，后者是指向证券法规定的重要事实，如发行人的资产、经营、财务状况，签订重要合同或正在进行诉讼等事实。

【参考文献】

[1]白建军：《证券欺诈及对策》，中国法制出版社1996年版。

[2]崔正军:《虚假陈述罪》,载《中外法学》1996 年第 2 期。
[3]徐明、郁忠民:《证券市场若干法律问题研究》,上海社会科学院出版社 1997 年版。
[4]刘生荣:《证券市场违法犯罪》,法律出版社 1996 年版。
[5]凌江红:《证券法实例说》,湖南人民出版社 1999 年版。
[6]《现代汉语词典》,商务印书馆 1983 年版。
[7]全国人大《证券法》起草小组编:《中华人民共和国证券法释义》,中国金融出版社 1999 年版。
[8]陈兴良:《当代中国刑法新视野》,中国政法大学出版社 1999 年版。

刑法弹性规定的司法实现*

我国《刑法》第3条规定:“法律明文规定为犯罪行为的,依照法律定罪处刑;法律没有明文规定为犯罪行为的,不得定罪处刑。”这标志着我国《刑法》首次确立了罪刑法定原则。但是,我国《刑法》中存在大量的弹性规定,因此,怎样认识刑法弹性规定与罪刑法定原则之间的关系,以及在刑事司法实践中实现刑法弹性规定应当注意什么问题,已成为司法实务界不容回避的一个重要问题。

一、刑法弹性规定的含义和类型

严格来讲,弹性规定不是一个非常规范、含义确定的法律术语,学术界对此论述也相对较少。然而,它在我国《刑法》分则乃至总则中出现频率非常高,事关对被告人的定罪与量刑,因此,有必要阐明它的具体含义。从语言学角度分析,弹性是指事物可多可少、可大可小等伸缩性,[1]刑法弹性规定是否就是刑法规范中对被告人定罪量刑无足轻重、可多可少、可有可无的条款呢?回答当然是否定的。我们认为,这里“弹性”两字的内涵已经超出单纯语言学意义的范畴,在刑法学领域有一种特定的含义。首

---

* 原载于《华东刑事司法评论》(第4卷),收入本书中做了适当删改。

先,在刑法规范中,弹性规定是立法者对形形色色、千姿百态的危害行为的行为方式、危害程度以及量刑幅度的一种高度概括,而非各种细枝末节的详细描述。它通常以下述三种表现形式出现在刑法规范中:(1)立法者在列举了某种危害行为或犯罪对象几种典型的表现形式之外,对其他可能出现的情形作出兜底性的规定。如《刑法》第 191 条(洗钱罪)第 5 项规定:"以其他方法掩饰、隐瞒犯罪的违法所得及其收益的性质和来源的。"此处的"其他方法"意指行为人故意采取的与本条 4 项相类似、同样能使"黑钱"变为"合法财产"的行为方式,如用"黑钱"购买货物物品和不动产然后变卖;或者经营日常收取大量现金的行业(酒吧、饭店、超级市场、舞厅)等。(2)对某种行为的危害程度作出的概然性规定,如《刑法》第 216 条(假冒专利罪)规定:"假冒他人专利,情节严重的……"情节严重为行为人非法经营的数额,假冒他人专利的次数、动机、目的以及造成后果等方面的高度概括。(3)对某种犯罪行为设置的量刑幅度,如《刑法》第 236 条(强奸罪)规定:"以暴力、胁迫或者其他手段强奸妇女的,处三年以上十年以下有期徒刑。"其次,有的弹性规定其本身就是确定某种行为是否构成犯罪的规格或标准,即犯罪构成的一个要件,并非可多可少、可有可无。如上述假冒他人专利行为,达到"情节严重"程度的,才可能构成犯罪,没有达到"情节严重"的程度,就不构成犯罪,即情节严重是假冒专利行为的社会危害性大到应当纳入犯罪圈的下限。再次,有的弹性规定是对被告人判处刑罚的法定量刑幅度,从轻处罚不得低于起点刑,从重处罚不得超出最高刑。如故意伤害致人重伤,只能在 3 年以上 10 年以下处刑,不允许超出 3 年下限、10 年上限。最后,刑法弹性规定的内容比较模糊,具有不确定性,立法者没有明示,而将其留给司法机关及司法人员来填补。散见于《刑法》分则中大量的情节严重、情节恶劣、严重后果等具体内容,在司法实践中就由司法机关依法解释,量刑方面由司法人员根据犯罪的事实、犯罪的情节、对社会的危害程度以及犯罪的手段、时间、地点、动机等量刑情节合理裁量。

综上所述,刑法弹性规定不妨可以理解为刑法规范中对被告人定罪量刑起决定作用、字面表述不明确的概然条款。虽然其内涵和外延比较模糊,内容不够明确,但它既可以是区分罪与非罪的界限,也可以是区分重罪与轻罪的界限。据此,根据其在对被告人定罪量刑过程中所起的作用,可以分为弹性构成要件和弹性量刑幅度。前者是衡量一种危害行为是否构成犯罪的法律标准,后者是在某种行为构成犯罪的前提下,具体适用刑种、刑期的法律标准。一般情况下,两者比较容易区分,但在特殊的条文中需要具体情况具体分析。如情节严重、情节恶劣,在有的条文中是构成犯罪的下限,即弹性构成要件;在有的条文中,情况就大不相同。《刑法》第 434 条规定:"战时自伤身体,逃避军事义务的,处三年以下有期徒刑;情节严重的,处三年以上七年以下有期徒刑。"军人战时自伤身体,逃避军事义务,是行为犯,情节严重为在 3 年以上 7 年以下处刑的弹性量刑幅度,而非弹性构成要件。

二、刑法弹性规定与罪刑法定原则的关系

由于弹性规定的内涵和外延不明确,许多刑法学者认为,它与罪刑法定的派生原则——明确性原则相悖,破坏了我国社会主义法制,不利于实现依法治国的方略,因而颇受指责。但是,笔者认为,任何一种社会现象的存在都有其特定的价值目标、社会基础,空穴来风是极少的。同样,刑法弹性规定也不例外,它的存在有其特定的社会基础,符合马克思主义认识论的基本原理。刑事

立法是一个追求真理的过程,从千姿百态的犯罪事实中抽象出适用刑事案件的法律原则,立法者只能从现有的实际材料出发,尽量发挥主观能动性,对犯罪作出预测与规定,根本无法把纷繁复杂、千变万化的犯罪情节规定得详尽无遗。在我国,全国人大及其常务委员会在探求法律原则、追求真理的过程中必然受到认识能力的限制,尽管在对某一客观事物的认识上有可能无限度地接近客观真理,但他们的认识能力必然受到主客观条件的制约,其认识必然是有限的,必然存在许多未知领域或知之不周延之处,而作为公法的刑法,以强调其稳定性、适时性著称,具有人权保障和社会保护的双重机能,在我国市场经济体制的完善、不断出现新情况、新问题的过程中,在刑法规范中设立弹性规定是立法者在分析了我国特殊的历史、现状之后作出的比较适合我国国情的立法选择,也为进一步提高刑法的明确性,逐步实施罪刑法定提供相对确定的法律标准。同时,罪刑法定原则本身具有相对性,并不是绝对的。其程度也取决于社会的法制环境、立法水平和认知能力。

罪刑法定派生的明确性原则要求立法者必须具体明确地规定刑法规范,以便预先告知人们成为可罚对象的行为,使国民能够预测自己的行动,并限制法官适用刑法的恣意性。而我国《刑法》中的弹性规定恰恰内容较模糊、不确定,不为一般公民所能了解,可见两者之间存在对立的一面。但是,两者之间又有统一的一面。罪刑法定从其诞生至今经历了由绝对罪刑法定向相对罪刑法定的演进,这个过程反映出人们对社会保护和人权保障关系认识上的深化。刑事古典学派出于坚决反对罪刑擅断、刑罚权无节制扩张的需要,将社会秩序与个人自由、社会保护与人权保障予以对立,确立了绝对罪刑法定,在实践中暴露了许多不足之处。刑事实证学派则寻求个人自由与社会利益的均衡，人权保障与社会保护的协调，确立了个人权利与社会利益均衡原则，逐步演进成现代意义上的相对罪刑法定，得到了世人的一致认可。事实上，人权保障与社会保护是辩证统一、相辅相成的。刑法的人权保障和社会保护机能也是相互协调、不可偏废的。刑法既要通过其人权保障机能，成为公民自由的大宪章，又要通过社会保护机能，成为社会利益的捍卫者。[2]刑法要切实保障人权，就必须严格实行罪刑法定，法无明文规定不为罪，法无明文规定不处罚，绝对禁止法外定罪、法外施刑；同时，刑法要保护社会利益，对严重危害社会的现象又不能视而不见，听之任之，如何处理这对矛盾？我国立法者首先摈弃1979年《刑法》中的类推制度，在极力提高刑法条文明确性的前提下，设置了较多的弹性规定，一是为切实保障人权，绝对禁止随意出入罪，实行罪刑法定；二是在法律规定的框架内，允许司法机关及其工作人员在不断总结、分析新形势、新情况的基础上，在立法原意的范围内依法自主裁量，切实保护社会，以维护刑法的稳定性、适时性，又不破坏现行的法律规定。因此，现代意义上的罪刑法定不排斥弹性规定，两者在本质上是一致的，在一定条件下，刑法弹性规定是罪刑法定必不可少的内容。因为刑法弹性规定虽然其内容比较模糊，但它是设立在现行法律规定的框架之内，是否与罪刑法定水火不容，不取决于它的规定本身，而在于如何准确地理解、适用这些弹性规定，其与罪刑法定的统一在于刑事诉讼的司法实践。

三、实现刑法弹性规定应当注意的问题

综上所述，我国刑法规范中不可避免地存在较多的弹性规定，那么，在我国已经明定实行罪刑法定的情况下，如何在刑事诉

讼中实现弹性规定,使立法者的意图与司法效果最大限度地接近,已成为司法实务部门必须正视的一个问题。我们认为,首先要转变刑法是阶级统治工具的观念,树立刑法(包括弹性规定)是人权保护大宪章的观念,注意在罪刑法定原则的指导下实现弹性规定。

1. 刑法(包括弹性规定)是人权保护的大宪章。法律的实现离不开人,这里的人主要就是司法活动的主体——法官,因此,罪刑法定原则、弹性规定在我国刑事诉讼中的实现,在很大程度上取决于法官对刑法的认识。过去,通行的观点一直认为公法是阶级统治的工具,刑法更是“刀把子”。诚然,这种观点在革命斗争时期的确起到了重要的作用,然而,社会在发展,时代在变化,人的观念在变革,特别是法学的巨大发展,保障人权的观念已经深入人心。当代西方的人权理论主张,公民有权实施除法律禁止以外的一切行为,而非只能实施法律允许的行为。政府只能实施法律授权的行为;否则,就是对公民权利的侵犯。这种价值观体现在刑事法律中,就是任何公民只要不实施刑法明文禁止的犯罪行为,司法机关就无权惩罚。刑法不仅是保护公民个人利益的“大宪章”,而且是保护犯罪人权利的“大宪章”。正如李斯特所说,刑法典是同犯罪人达成的一项文字保证,对他们的惩罚只是当具备法定条件时才在法律规定的限度内实施。法无明文不为罪,法无明文规定不处罚是一道保护公民受国家权威侵害的屏障。[3]因此,司法机关在适用弹性规定时,要谨慎对待,做到不枉不纵,凡是比较含混、模棱两可难以把握的弹性构成要件,以及认定被告人有罪、罪重的证据不足时,只允许作对被告人有利的认定或裁量。

2. 在罪刑法定原则的指导下实现刑法弹性规定。《刑法》第3条规定的罪刑法定原则应该有两个方面的含义:第一,法外无罪,法外无刑;第二,有罪必罚,人人平等。罪刑法定由两方面组成:一是罪之法定,二是刑之法定。罪之法定主要是由《刑法》分则规定(定罪时应当结合总则的相关规定),《刑法》分则规定的具体犯罪不是指犯罪行为人实施危害行为的具体形式、方法、步骤,而是指“类型化的犯罪”。[4] 换言之,《刑法》分则中的具体犯罪就是具有共同特征的犯罪行为所形成的种类。因此,适用弹性规定时,务必要找出这类犯罪行为的共同特征,分析立法者的意图,首先完成“找法”[5] 的任务,填补立法者留下的空白。例如,《刑法》第 236 条规定以暴力、胁迫或者其他手段强奸妇女的构成强奸罪,这里“其他手段”的内涵和外延不明确,但根据暴力、胁迫手段的共同特征,可以认为其他手段是指同样能够致使被害人不知反抗、不敢反抗、不能反抗的情形,如用药麻醉、用酒灌醉,还包括将妇女拐骗到荒无人烟的地方,致被害人于孤立无援的境地。刑之法定也主要是由《刑法》分则规定,对具体刑种、刑期的适用,必须根据法定情节及酌定情节,在法定幅度范围内将罪刑法定与刑罚个别化结合起来,而不能将罪刑法定看作机械的教条,简单地“对号入座”,以充分实现刑罚普遍公正与个案公正的统一。

3. 在立法原意和良好的理论素质基础上实现弹性规定。根据法理学关于法的适用的原理和长期的刑事司法实践经验,刑事法律的适用过程可以分为三个阶段:一是确定犯罪事实,二是选择和分析刑法规范,三是作出刑事裁判。可以说,第一阶段是找出事实根据(主要由侦查机关完成),第二阶段是找出法律根据,然后在事实清楚、证据确凿的基础上,做到“法无明文规定不为罪,法无明文规定不处罚”。这里就有对法律有无明文规定的理解问题。《刑法》第 29 条第 1 款规定教唆不满 18 周岁的人犯罪,“应当从重处罚”;第 17 条规定已满 14 周岁不满 18 周岁的人犯罪,“应当从轻或者减轻处罚”。那么,如果未成年人教唆未成年人犯罪是“从重处罚”还是“从轻或者减轻处罚”?有的学者认为,这是刑法条文之间互相矛盾的规定。[6]我们认为,这是对法律明文规定理解上的偏差。陈兴良教授认为,法律的明文规定有两种:一是显性的规定,只要根据法律字面的分析,就可以确立法律规定的内容;二是隐性的规定,它不是从法律的字面上就很容易看出来,而是隐含在法律规定的逻辑当中,需要对法律条文进行逻辑的分析,理解立法原意。刑法条文虽然字面上没有确立必须是成年人教唆未成年人犯罪才“从重处罚”,但是经过逻辑推理,依据保护未成年人的刑法理论,对未成年人教唆未成年人犯罪的案件,应当首先保护未成年人的法律权利,这是《刑法》第 17 条的立法原意,适用“应当从轻或者减轻处罚”。这就要求司法人员要具备很高的理论素质和严密的逻辑推理能力。换言之,在实行罪刑法定的司法实践中,应当注意在立法原意和良好的理论素质基础上,实现刑法条文字面内容较模糊的弹性规定。

【参考文献】

[1]《现代汉语词典》(修订本),商务印书馆 1996 年版,第 1224 页。
[2]姜伟、陈正云:《罪刑法定与刑法解释》,载《人民检察》2011 年第 5 期。
[3]《刑法问题与争鸣》编委会编:《刑法问题与争鸣》(第 2 辑),中国方正出版社 2000 年版,第 78 页。
[4]姜伟、陈正云:《罪刑法定与刑法解释》,载《人民检察》2011 年第 5 期。
[5][日]木村亀二主编:《刑法学词典》,顾肖荣等译,上海辞书出版社 1991 年版。
[6]彭凤莲:《论罪刑法定原则实施的制约因素》,载《中国刑事法杂志》总第 40 期。

从构建水权制度谈保护水权*

考察世界大多数国家对水资源问题解决的现状不难看出,构建水权制度不再是水资源丰裕国家的选择,更是像我国这样水资源严重匮乏国家的必由之路。遗憾的是,我国缺乏对水资源可持续开发利用的统筹规划,水权制度还处于实践探索时期,社会传统观念中过分强调水资源的国家垄断性管理,使我国水行政管理相关部门在水权流转与正当实施的管理过程中,行政不当干涉与过限干预频繁出现。为此,有必要运用法律手段对政府管水的"有形之手"进行必要的约束和限制,为促进水资源可持续利用和满足人民生产生活的实际需要提供权威的制度保障,使得政府行为与构建和谐社会和法治国家的大背景协调一致。一般认为,水权具有社会公益性的特质,政府的行政行为属于公权行使的范畴,从目前行政法学的法理和行政诉讼法的法律分析,水权的权益利害关系人没有办法对水行政管理主体的不法或不当行政行为提出维权的诉讼请求。因此,只有构建行政诉讼领域里的行政公益诉讼制度这个诉讼平台,通过程序正义来实现社会公益主体对水权的程序法保护。

---

* 原载于《法律适用》2006年第11期(总第248期)。

一

自1990年以来,我国已有13个大中城市因超采地下水而发生地表塌陷,严重危及通水、通电、通气管道的安全运行;同时因地表的下沉,包括上海在内的沿海城市经常遭遇海水倒灌,严重危及正常的生产生活。以全国范围内污染最严重的淮河流域为例,以点源污染和面源污染混合形态存在的对水资源的肆意污染,每年造成的GDP损失难以估量。之所以会出现如此触目惊心的情形,与各级政府、水行政主管部门和环境管理部门在对水资源的保护和利用上的不法行政和不作为密不可分。法谚云:“利之所存,法之所在。”水权是能够为社会权益主体带来巨大“利”的准物权,实现对水权的法律保护最佳选择是在程序法上构建我国的行政公益诉讼,这个“法”能够防范和规制相关行政主体的行为,保护和恢复社会利益主体对水权的享有和运用过程中的权益。

何为行政公益诉讼?有学者认为,其指公民认为行政主体行使职权的行为违法,侵害了公共利益或有侵害之虞时,虽与自己无直接利害关系,但为维护公益,而向特定机关提出起诉请求,并由特定机关依法向法院提起的行政诉讼;或指法人或其他组织认为行政主体行使职权的行为违法,侵害了社会公共利益或有侵害之虞时,虽与自己无直接利害关系,但为维护社会公共利益,依法向法院直接提起诉讼或者向特定机关提出请求,由特定机关依法向法院提起的行政诉讼。还有学者侧重于诉讼目的给出界定,认为是指同被诉行政行为无法律上的直接利害关系的公民、法人或其他组织所提起的以维护公共利益为目的的行政诉讼等。然而,笔者将行政公益诉讼界定为:指特定的国家机关、经授权的相关组织和个人,认为行政主体的违法行为或不作为侵害了国家或社会公共利益或有侵害之虞时,出于维护该利益之目的,依法向法院直接提起诉讼或者向特定的国家机关提出请求,由该机关依法向法院提起诉讼,由法院依法追究法律责任的活动。

行政公益诉讼的构成要素主要包括:诉讼主体方面,原告是特定的国家机关(多为检察机关)、经授权的相关组织和公民个人,被告是违法行政行为或不作为的行政主体;诉讼标的物是国家或社会公共利益;诉讼标的或诉讼客体是诉讼启动权人与行政主体之间发生争议的要求法院作出裁判的权利义务关系。行政公益诉讼的法律特征有:一是起诉主体具有广泛性,即行政公益诉讼允许与被诉行政行为无法律上的直接利害关系的当事人提起的。二是诉讼目的具有公益性,即行政公益诉讼直接以维护国家或社会的公共利益为诉讼目的。因为保护的是不特定多数人的利益,因此排除了为某个人利益提起的私益诉讼,以及为某些人的利益而提起的集团诉讼。三是利益受侵害的现实与可能之并存性,如在水权经营权行使过程中,水污染事件层出不穷,化学致害潜伏期的长期性和隐蔽性,以及水利建设工程对水生态的影响在一定程度上的不确定性。四是诉讼具有重大的法律工具性价值,行政公益诉讼争议的利益通常具有公共性和集合性,代表着国家和社会公众的利益,诉讼结果对推动国家、公用事业的重大行为改变,甚至是修改某项法律法规,都将具有前瞻性。五是诉辨双方诉讼地位呈现非对称性。行政公益诉讼的原告一方多为普通的社会团体、公民个人,而被告一方往往是掌握着某种专项公权力的政府部门。

二

从实证主义的角度分析,现行的三大诉讼法之所以没有给予诸如侵害水权等公益案件提供有效的司法救济途径,主要原因是存在法律缺失(缺失行政公益诉讼制度),以及司法面临着两大法律困境。法律缺失主要表现在对行政公益诉讼原告主体资格法律规制的缺失。法谚说:“没有原告就没有诉讼。”适格的原告是立案的必备条件,因缺少放宽原告资格的新型程序法的存在,法院将无“法”立案。依据我国现行法律,要求原告必须是与本案有直接利害关系的公民、法人和其他组织。由于这是诉讼程序的强制性规定,公益诉讼在我国的出现必然面临着法律难题:公共利益被侵害,公民、法人和其他组织原则上不能作为公共利益的代表人提起诉讼,因为一无法律上的直接利害关系的存在,二无法律上授予的代表人资格。具体到水权的司法保护方面,在水行政主管部门滥用取水许可审批权时,用水单位即对地下水实施过度开采,后果是发生或必将发生地表的不均匀性非正常下沉,危及人们正常的生产和生活。这是水行政主管部门对水权所有权管理中的不法操作,同时也为用水单位尤其是自来水公司在行使水权使用权的过程中的违法行为提供空间。现行诉讼法律又没有给这些权益受到损害的主体提供司法救济的必要渠道,国家检察机关提起公益诉讼的资格除在刑事案件中有规定外,民事和行政公益案件却没有明确的法律规定。

困境之一是法院很难在目前诉讼制度中依据现行法支持公益诉讼请求。假定行政公益诉讼能够进入法院审理阶段,案件必须具有明确的诉讼标的、诉讼客体、诉讼请求等必备要件,否则将严重阻碍案件的正常审理,最终法院只有以判决驳回诉讼请求的方式结案。从侵权相对性分析，因当事人之间直接利害关系的不存在，所发生争议之权利义务关系往往也不能明确；在诉讼客体方面，如损害处于潜在尚未实际发生的状态，法院难以判断起诉主体之利益是否真正会产生损失，对损失的性质和数量也很难把握；在诉讼请求方面，因诉讼请求可以在诉讼过程中适当变化，诉讼代表人可能受到社会公众的左右而变更诉求，使得起诉者、应诉者和法院之间因诉求发生变化而耗费司法资源，加上审限之规定最终法院难以支持诉求。

困境之二是法院面临执行困难和疲于审理的双重压力。行政公益诉讼目的是维护公共利益，涉案社会群体的广泛性，法院执行资源的普遍有限性，使法院对裁判的执行面临前所未有的难度。尤其是，一次成功诉讼只能满足部分诉讼提起者的要求，这必然激起"羊群效应"，促使更多人提起数量更多的同样或同质诉讼，显然对诉讼相对方是相当不利的，也必然给法院的执行工作带来沉重的负担。假如有人提起行政公益诉讼追究环境管理部门的不作为并且获得胜诉（如针对 2005 年松花江水污染事件），难以预料会有多少市民将基于利益或扬名的考虑而提起同样的诉讼，法院只能作新案受理，结果会造成严重的诉累。

法律缺失要弥补，司法困境要克服。当诸如水权这一公共权益受损或有受损之虞时，必然需要一部程序法为社会公众维护社会公益提供权威的司法救济途径。从法经济学的供求理论分析，法律需求决定法律供给。从水权程序法保护的急迫需求来看，需要立法者通过适当法律创设以满足社会对法律的需求，以维持良好的社会秩序。把行政公益诉讼制度融入现行的行政诉讼法律之中，无论是进行有机的法律捆绑（如制定单行法以配合《行政诉讼法》的实施），还是定位在适当的法律补丁之位置上（如进行必要的司法解释以弥补诉讼法的法律缺失），只要使其能在国民经济生活中切实担当起维护公共利益的重任，将实现法律供给和法律需求的协调平衡。从法经济学的成本效益审视行政公益诉讼的制度创设，行政公益诉讼的功能大体表现在：它能够维护公共利益，监督行政机关依法行政、提升执法水平，在行政领域引入私权力量来制约公权，弥补国家行政管理之漏洞，有效减少司法成本、扩大诉讼的社会效益和经济效益。创设行政公益诉讼制度，完善《行政诉讼法》，对于立法者来说，投入成本相对于因为缺失这样的制度给国家或社会的公共利益带来的现实和潜在的损害少之又少。从法经济学博弈论的视角来考量，这也是立法成本和司法成本之间理性人之博弈，即宁愿以较小的法律创制的代价去赢得不可估量的司法成本的降低，最大限度节约有限的司法资源。依据法律均衡理论，唯有如此，方能实现实体法的正当运行和程序法的救济保护之间的均衡，使法律资源在社会生活中处于均衡配置的持续状态，实现制度创设的初衷。

三

任何一种制度的建立、运行和发展，都离不开必备的法理基础和现实依据作为支撑，行政公益诉讼的制度创设也不例外。如果说水权程序法保护存在法律缺失和困境是现实依据的话，其法理基础则主要有：一是社会公共性权利的司法保护。社会公共性权利是公民权利的延伸，就水权保护而言，由于水资源的国家所有和占有使用的公益性特征，市民社会已给予更多关注。目前人权已经入宪，自然要求有相应的诉讼制度给予配套实施，避免“徒法不足以自行”。二是私权对公权的制衡。传统理论认为，公权的行使如侵害了公共利益，往往以“公权控制公权”的模式由另一公权来纠正,但效果并不理想。宪法规定公民有参与管理国家社会事务的权利,为公民享有的社会公益性权利提供了“宪法依据”。在行政主体侵害公共利益时,公民以私人力量对抗和制约公权的滥用和怠用,是建设法治国家和有限政府的有力的保障。如在抗旱降渍、防洪排涝中,有些地方政府出于区域利益和短期利益的考虑而做出有损整个社会利益的决策或具体行政行为时,让经过法律授权的社会自治组织或公民个人直接提起或者通过特殊的国家机关(多为检察院)提起诉讼,追查责任主体的违法责任,以彰显“私权对公权”和“公权对公权”的有效制约。三是公益诉讼利益观念之更新改变了传统诉讼制度对“有利害关系人”的限制,“无利益即无诉权”的法谚只能在非公益诉讼之中产生作用了。四是实体法的可诉性给提起行政公益诉讼带来可行性。同时笔者认为,行政公益诉讼制度的创设是立法技术不断完善并走向成熟的必然之果,是法制现代化的必然要求,是依法治国、构建和谐社会方略推进过程中,社会本位思想的立法回应。

程序性

网络传播淫秽物品案的管辖及量刑*

——南京中院裁定王某网络传播淫秽物品案

【裁判要旨】利用网络传播淫秽物品牟利的,应根据被告人上传淫秽信息的服务器所在地确定管辖法院,依据被告人上传的淫秽物品的具体情节定罪量刑。

【案情】2006 年 9 月,王某创建了域名为"pe68. com"的网站,供他人以手机 WAP 方式访问,通过在该网站上发布广告收取广告费用。2007 年 5 月,为增加网站点击数以赚更多广告费,王某又租用南京创网科技有限公司的网络空间,创建了域名为"ankg. cn"的网站,并将包括 1197 篇淫秽文章在内的共计 1404 篇文章上传,供他人浏览。后王某又将"ankg. cn"网站与"pe68. com"网站链接,以进一步增加"pe68. com"网站的点击量。截至案发时,王某从中牟取广告费 9000 余元。

【裁判】一审法院南京市白下区人民法院认为,被告人王某以营利为目的,传播淫秽物品,情节严重,其行为已构成传播淫秽物品牟利罪。依照《刑法》①第 52 条、第 53 条、第 64 条、第 363 条

---

* 原载于《人民法院报》2008 年 11 月 14 日,第 5 版。

① 此处《刑法》为 2009 年第二次修正,现行《刑法》为 2023 年修正。

第 1 款的规定,结合被告人王某较好的认罪态度,以传播淫秽物品牟利罪判处被告人王某有期徒刑 5 年,罚金人民币 4 万元。宣判后,王某以量刑过重为由提起上诉至南京市中级人民法院。南京中院认为,原审判决认定事实清楚,证据确实、充分,适用法律正确,量刑适当,依法驳回上诉,维持原判。

【评析】本案涉及在惩处网络犯罪中,必须解决的两个方面的法律问题,即诉讼程序方面的管辖权和刑事实体上的量刑标准问题。

一、南京市白下区人民法院有无管辖权

根据我国的法律规定,普通刑事案件依法由犯罪行为实施地、犯罪结果发生地、被告人居住地管辖。但是,利用互联网实施的犯罪具有虚拟化特点,其刑事管辖权的确定具有特殊性。综观国内外的司法实践,对此类案件的管辖,一般有以下几个原则:(1)扩大属地管辖原则,即该犯罪如果与某地有关联,该地即可以取得管辖权。(2)网址所在地管辖原则。行为人在网络上的活动处于经常性的变动之中,行为人的 IP 地址具有不确定性,不能作为确定案件管辖的唯一依据,单纯对该地址的进入不能成为异地法院拥有管辖权的依据。但是,由于每台计算机在网络上均具有唯一的物理地址——网址,网络的每次使用确定无疑地留下活动的记录,据此,根据活动记录可以确定在一定时空内使用该计算机的行为人。当网址拥有者的资料真实可信,而且取证可能的情况下,查明与网址相关联的物理地址,该网址可以成为确定管辖的依据,由此确定案件管辖地。可以说,在利用网络实施异地犯罪的情形下,服务器所在地的地理地址便是取得管辖权的重要依据。(3)犯罪地管辖原则。一是犯罪行为地管辖。网络犯

罪必须通过一定的计算机终端、服务器等相对固定的计算机设备进行,没有利用计算机设备的网络犯罪应是不存在的。在案件侦查过程中,侦查人员往往是以实施犯罪行为的计算机设备为线索,确定犯罪行为地,查明行为人,因此,行为人实施网络犯罪的服务器、计算机终端等设备所在地便是犯罪行为地。二是犯罪结果地管辖。网络上实施侵犯商业秘密间谍犯罪、网络入侵,散布破坏性病毒、"逻辑炸弹",放置后门程序,偷窥、复制、更改或者删除计算机信息等犯罪有一个共性,就是必须侵入他人的计算机信息网络才能作案。因此,依据被侵入的系统局域网、计算机终端等设备所在地可以确定管辖法院。(4)根据行为人的目的确定管辖原则。网络的全球性使得网络行为所针对的地区、针对的对象往往不确定。但网络行为必有目的,根据社会上一般人的主观臆断、通常的逻辑思维,推定为行为人实施犯罪的意思表示,是接受犯罪行为被指向地的法律,行为人的目的构成被指向地法院管辖的基础。

被告人王某租用南京的网络服务器并上传淫秽文章,虽然没有实施侵入他人计算机系统行为,但其租用的服务器在南京,网址固定,南京与其以牟利为目的传播淫秽物品有关联,以行为人上传淫秽物品服务器所在地确定案件的管辖权,符合网址所在地管辖原则及犯罪地管辖原则。因此,南京市白下区人民法院具有本案的管辖权。

二、参照的量刑标准

根据最高人民法院、最高人民检察院《关于办理利用互联网、移动通讯终端、声讯台制作、复制、出版、贩卖、传播淫秽电子信息刑事案件具体应用法律若干问题的解释》的规定,传播淫秽物品牟利罪的量刑标准有传播淫秽物品数量、网站点击量、网站会员人数及被告人牟利数额四种。本案中,被告人王某没有采用会员制,故不能以会员人数作为量刑的参照标准。至于牟利数额,因为被告人收取的广告费依据点击数产生,而点击数既有由于他人浏览健康内容产生的,也有由于浏览淫秽内容产生的,且二者的份额难以区分。笔者认为,对于此类犯罪,以被告人上传的淫秽物品数量或点击数作为量刑标准比较妥当。本案中,被告人所建之网站为手机 WAP 网站,浏览一篇文章需要多次点击,点击数与网站浏览人数不一致。此外,网站的点击计数起始数不一定是从零开始计数,且通过一定的技术手段,网站后台程序所记录的点击数可以被修改,所以,手机网站中淫秽信息的真实点击数往往难以确定,故依据点击数量刑很难与客观事实相符。但网站内被告人上传的淫秽信息数量是确定的,公安机关在侦查时,可以从服务器的数据库中提取被告人上传的淫秽信息的准确数量,以此作为处刑轻重的依据,具有事实依据。

综上所述,被告人王某传播淫秽文章 1000 余篇,达到“情节严重”标准,故对其判处有期徒刑 5 年,在 3 年至 10 年有期徒刑的法定幅度内,根据本人的认罪态度,此量刑是适当的。

从共同犯罪原理看买卖毒品案件的并案审理*

对买卖毒品案件,司法实践中大多是将买卖双方并案审理,理由是便利诉讼举证、质证,可以降低诉讼成本,节约司法资源,提高诉讼效率。笔者认为,这种做法从共同犯罪的基本原理看,较为牵强。根据《刑法》的规定,成立共同犯罪必须具备共同的犯罪行为,其中各行为人的行为都指向同一犯罪事实,指向一致,方向单一,共同作用于同一犯罪结果,对犯罪结果的发生均具有原因力,实施共同犯罪行为的人是同案犯罪嫌疑人、被告人、共犯。以此区别于对向犯,如行贿、受贿,行贿人送出财物,将财物指向特定的受贿人,受贿人从特定的行贿人处获取财物,行贿、受贿两个行为,方向相对,能够对接。同理,毒品买卖双方实施的行为也具有对向性,类似于行贿、受贿。买卖双方实施的行为不构成共同的犯罪行为,因此,从原理上看毒品买卖双方不构成同案被告人。

此外,这种做法在实践中也暴露出一些弊端。买卖毒品案件一般隐蔽性强、取证难度大,毒品卖出地、销售地往往相距甚远,

---

* 原载于《人民法院报》2007年1月9日,第5版。

并案审理有时发生侵害犯罪嫌疑人、被告人合法权益的现象。例如,一名江苏毒贩从重庆卖家购得海洛因若干回到江苏贩卖,被江苏警方抓获,重庆卖家也被押到江苏并案审理。双方均被判处死缓,重庆卖家服判,江苏毒贩上诉。二审发现江苏毒贩还有其他遗漏罪行,裁定发回重审,一审法院重新审理宣判后依法再次移送二审法院。整个审判过程历时较长。如果一审进行分案审理,对重庆卖家就可能会避免被发回重审和一审法院重新审理而占用的时日。

运用间接证据认定毒品案件实证研究*

【内容摘要】以间接证据锁链包含的能够直接证明的间接事实为基础，通过间接事实与案件主要事实之间的关联性，以及根据行为人实施的客观行为推定出的主观要素，可以认定案件的主要事实。但在证明标准上，应该排除行为人无辜的可能性。

【关键词】间接事实　关联性

毒品案件行为人反侦查能力之强，犯罪手段之狡诈和隐蔽，时常令实务界司法人员在严惩毒品犯罪、实现刑法的法益保护机能，与防止冤错案件、实现刑法的自由保障机能之间两难选择。面对行为人提出自己对毒品不知情、被蒙骗的无罪辩解，司法人员往往无法利用行为人的有罪供述、相关证人证言、被害人陈述等能够直接证明行为人主观上“明知”因素的直接证据，因此，如何利用行为人实施的客观行为推定行为人的主观故意，准确认定行为人主观上“明知”，已成为实务界司法人员实现惩罚犯罪和保障人权诉讼价值目标很好的证明方法。最近，某地法院审结了一起行为人以定制电子产品为名利用制造商转寄毒品方式走私毒品的案件。该案行为人归案后“零”口供，始终作无罪辩解，辩

---

* 原载于《法律适用》2015 年第 11 期。

护人亦提出无罪辩护意见。司法人员依据经验法则、逻辑法则，依据查证属实的间接证据，排除合理怀疑，形成内心确信，最终认定了行为人主观上“明知”毒品而伙同他人将毒品走私进境的案件事实。

一、基本案情

2012 年 7 月，在阿里巴巴旺铺网络注册名为 James 的人通过网络与中国江苏张家港友诚科技公司员工章某取得联系，称欲向友诚公司订购插座等电子产品，并邮寄了样品。2013 年 1 月，James 通过网络表示要再给章某邮寄部分样品。2 月 7 日，苏州海关驻邮局办事处查获从巴西联邦共和国邮寄给友诚公司章某的邮单号为 CP298700481BR 的包裹。经检查，发现在该包裹内一本菜谱中藏匿毒品可卡因 318 克。2 月 18 日，章某通过网络告知 James 已经收取包裹，James 回复：Micheal 会与章某联系，Micheal 的手机号码为 158 × × × × ×419。随后，章某接到号码为 158 × × × × ×419 的手机联系电话，对方自称 Micheal，让章某将从巴西邮寄来的包裹中像书一样的物品等通过顺丰快递邮寄往广东省 × ×路 × ×号 Micheal 收，联系电话为 158 × × × × ×419，并应章某要求支付了 200 元“邮费”。2 月 20 日，章某根据侦查机关安排将毒品替代物通过顺丰快递寄出，并将面单号 204 × × × × ×245 发给了 Micheal。2 月 22 日，行为人圣德在签收面单号为 204 × × × × ×245 的包裹后即被抓获。侦查人员从行为人圣德身上查获所收取的包裹、手机三部，号码分别为 158 × × × × ×740、158 × × × × ×419、137 × × × × ×296；中国农业银行客户通知书一张，交易时间为 2013 年 2 月 18 日 12 时 25 分 42 秒。在行为人圣德住处广州市 × ×路 × ×号西座 × ×室查获苹果牌笔记本电脑一台、笔记本一本等物品。

另查明,2013 年 1 月 6 日至 2 月 22 日,行为人圣德收取“收件地址广东省××路××号,收件人 Micheal,联系电话 158××××419”的快件 7 次。

二、该案的证据体系

第一,缺失能够直接认定行为人圣德伙同 James 共同实施走私毒品犯罪的直接证据。本案中,从巴西联邦共和国发货的上家包括 James 在内均未归案,行为人圣德归案后始终辩解系受朋友阿酷之托代为收取包裹,主观上不知道是毒品,更没有参与走私毒品犯罪。证人章某在案发之前对 James 以邮寄样品为名走私毒品的事实不知情。两名证人即快递员证实圣德以本案的同一收件地址、收件人、联系电话收取了若干个包裹,但对包裹的内容不知情。因此,能够直接证明圣德伙同 James 共同走私毒品的直接证据既无行为人圣德的认罪供述,圣德始终“零”口供,又无知悉走私毒品经过的证人证言及下家的证言等。

第二,间接证据、客观证据较多。(1)行为人圣德与证人章某电话联系转寄特定包裹以及包裹中像书一样的物品的事实有手机通话记录、手机短信、顺丰快递邮寄面单、汇款凭证、汇款音像资料等证据证实。(2)行为人圣德在收取包裹后被当场抓获,当场搜取了特定的包裹。(3)在行为人圣德住处搜查到的笔记本电脑内查获查询本案快递单号的上网记录,查询单号为 204×××××245 邮件的记录有 2013 年 2 月 21 日 10 次,2013 年 2 月 22 日 3 次。查询过单号为 CP29××××××1BR 邮件的记录有 2013 年 2 月 17 日 21 时 01 分 1 次、2 月 18 日 10 时 25 分 1 次。在行为人圣德住处搜查到的硬面笔记本内有行为人圣德自己书写的友诚公司、章某的名称、联系地址和电话。(4)行为人圣德号码为158×××××740的手机内留存于2013年2月2日向vitorggvolvo(136×××××124)发送的内容为张家港友诚科技公司的地址、电话、联系人章某的短信;于2013年1月17日向Sun－day95two(137×××××486)发送的内容为“cp29×××××481brems”的短信。

以上证据包括客观证据均为间接证据。囿于间接证据自身包含的信息与案件主要事实的关联度较弱,因此不能仅凭单个间接证据直接认定行为人圣德伙同上家James分工配合实施了走私毒品进境的犯罪事实。

第三,行为人圣德始终“零”口供,辩解称其朋友阿酷让其代收包裹,且只有一次;阿酷让其汇款200元;其对笔记本电脑内查询快递的记录不知情;其号码为158×××××419的手机系案发前一天晚上阿酷给其的,在此之前没有使用过。辩护人提出圣德主观上不明知包裹内藏有毒品;现有证据不能证明圣德就是包裹的所有人或接收人。简言之,圣德及其辩护人均认为圣德无罪。

出于对如上证据体系认识的不同,出现了两种截然相反的分歧意见。第一种意见认为,现有证据无法证明行为人圣德主观上明知在涉案包裹内藏匿毒品,认定行为人圣德犯罪故意的证据缺失,圣德无罪。第二种意见认为,尽管缺失直接证据,但是根据行为人圣德已经实施的客观行为,蕴含着行为人圣德的主观故意,可以认定行为人圣德伙同他人以邮寄方式走私毒品进境。笔者认为,在一定意义上可以说,本案是运用间接证据认定毒品案件较为典型的案例,有必要对本案证明的机理及依据做深入的分析。

三、根据间接事实构建案件主要事实

1. 间接证据证明案件主要事实成立的原理。所谓“间接证据的问题,在证据理论上也好,在实际应用上也好,都是最有趣味的和最重要的一个问题”。[1]在证据法理论上,我国有学者认为,间接证据是指不能单独证明,而需要与其他证据结合才能证明案件主要事实的证据。[2]直接证据则是能够单独直接证明案件主要事实的证据。我国台湾地区也有学者强调间接证据通过推理证明案件主要事实的成立:“直接证据,系直接证明主要事实之证据,具有确实性,无须依推理作用,亦不经伦理作用,得依其证据,与人之知觉同时直接认识其事实。间接证据,系证明推理主要事实之间接事实之证据。具有盖然性,或称可能性。”[3]我国还有学者从证据包含的事实信息角度提出;直接证据所包含的事实信息与案件主要事实发生了重合,而间接证据所包含的事实信息与案件主要事实发生了部分重合或者交叉。所以,间接证据无法单独包含案件主要事实的信息,既无法证明犯罪是否发生,也难以证明犯罪是否为被告人所为,而最多证明犯罪构成要件的某一环节或者片段。[4]由犯罪构成要件的某一环节或者片段可以整合、构建案件的主要事实。因此,运用间接证据证明案件主要事实离不开对间接证据所包含的事实信息与案件事实的关联性、证明力的评价过程。先通过间接证据直接证明案件事实的某些环节或片段,即间接事实,再由间接事实构建出案件主要事实。[5]申言之,直接证据能够直接证明案件的主要事实,即何人实施了何种犯罪行为。而间接证据虽然不能一步直接证明案件主要事实,但能够直接证明案件主要事实的某些环节,裁判者借助逻辑推理,整合、构建出案件主要事实,达到证明案件主要事实成立的诉讼目的。

2. 从间接事实到案件主要事实。[6]相对于运用直接证据证明案件事实而言,完全依靠间接证据认定案件的过程是一个非常缜密、推理严谨的证明过程。因直接证据所包含的事实信息与案件主要事实发生了重合,故对该直接证据真实性的查证属实也就等于对案件主要事实的查证属实。如果直接证据所包含的案件主要事实得到了两个以上具有独立信息源的直接证据的证明,那种对案件主要事实的证明活动即告完成。[7]然而,在那些只有间接证据的案件中,全案间接证据表面上多呈现孤立存在的状态,各项间接证据的证据信息链条之间难以连贯形成相互验证的关系,很难形成较为完整的证据锁链,使得案件事实得到证明。因此,裁判者在对每一个间接证据查证属实、确认其真实性、可靠性的基础上,挖掘、评判每一个间接证据与案件事实存在客观上的关联性,是使得间接证据具有证明力、证明价值的关键。而对间接证据关联性的评判"剑指"间接证据所包含的事实信息与案件主要事实之间的关联性。本案中,以案发时间为序,存在如下间接事实。

(1)被告人圣德与证人章某联系邮寄特定的包裹、特定的物品。2013 年 2 月 17 日,James 通过网络告知证人章某 Micheal 会与章某联系,Micheal 的手机号码为 158 × × × × ×419,30 分钟后,证人章某收到号码为 158 × × × × ×419 手机的来电,来电者自称 Micheal,并让章某尽快转寄 James 的包裹(包裹内的一本菜谱中藏匿毒品可卡因 318 克),在证人章某提出需要"邮费"200元后被告人圣德立即汇款,并马上给证人章某发送了"收件地址广东省广州 × ×路 × ×号,收件人 Micheal,联系电话 158 × × × × ×419"短信。另一名证人快递员郭某某证实其 2013 年 1 月 6日至 2 月 22 日,向 Micheal 即圣德派送邮件 7 次,每一次都事先与号码为158×××××419的手机联系,都是圣德接电话并接收包裹。以上事实有证人证言、辨认笔录、手机通话记录、短信、网络信息等证据证实。

(2)2013年2月22日,被告人圣德收取特定的包裹,并被当场抓获。

(3)被告人圣德跟踪查询本案快递的流程信息,自己在笔记本上写了中国张家港友诚公司和章某的联系地址和联系电话。2013年2月21日,查询单号为204××××××245邮件的记录有10次,2013年2月22日3次。2013年2月17日、18日,查询过单号为CP298×××××1BR邮件的记录各1次。

(4)被告人圣德在给章某汇出“邮费”200元后,马上将银行汇款凭证通过网络发给了James,James又通过网络转发给了证人章某。

(5)被告人圣德在本案邮包从巴西联邦共和国寄出之前(该邮包于2013年1月16日在巴西联邦共和国交邮),即2013年1月2日已经掌握国内收件单位张家港友诚科技公司的地址、电话,联系人章某的联系电话。本案邮包从巴西联邦共和国寄出之次日即2013年1月17日掌握了邮包的跟单号码“cp 298×××481 brems”。

证实上述5个方面间接事实的单个间接证据经查证属实,真实、可靠,可以采信,间接事实是客观的、确实的。与本案主要事实“被告人圣德与James合谋共同走私毒品”存在部分重合,并且每一个间接证据均指向特定的物品藏匿毒品的邮包,5个方面的事实片段或环节可以共同构成被告人圣德伙同James分工负责共同以邮寄方式,利用中国国内无辜者将毒品走私进境。

3. 间接事实与案件主要事实的关联性——证据锁链与证据

绳索。[8]根据间接证据直接证明的间接事实构建案件主要事实。换言之,间接证据能够证明案件主要事实成立的机理在于间接事实信息与主要事实信息之间所固有的关联性。与案件主要事实不相关的间接事实信息无从谈起构建案件主要事实。

本案中,上家 James 告知证人章某 Micheal 会与章某联系,行为人圣德很快与章某进行电话联系,支付“邮费”后将汇款凭证发送给 James,James 又将汇款凭证发给了章某,行为人圣德确定转寄像书一样的特定物品及收件地址、联系人及电话,最终在收取包裹时被当场抓获。以上事实信息紧紧围绕从巴西联邦共和国邮寄来包裹中藏匿毒品的菜谱而展开,该菜谱因 James 欲邮寄产品样品而从巴西联邦共和国寄出,行为人圣德因 James 推介而与章某取得联系,为转寄菜谱而支付邮费,因收取包含菜谱在内的特定包裹而被抓获,事实信息之间的关联性显而易见,并已形成环环相扣的证据锁链。这属于传统的“证据锁链”。但是,从如何证明行为人圣德与 James 合谋的命题来看,传统的“证据锁链”可能无法作出令人信服的诠释。上家 James 告知证人章某 Micheal 会与章某联系,行为人圣德很快与章某进行电话联系。这是其一。其二是行为人圣德支付“邮费”后将汇款凭证发送给 James,James 又将汇款凭证发给了章某。对此,我们认为,英国法官波洛克(Pollock)对间接证据组成的证据体系所作的比喻较为精确:“环境证据(即间接证据)像一条用几条绳子织成的绳索。其中一条可能力量不大,但 3 条捆在一起力量就大得多。”[9]所以,我们从源头看,证人章某只是把本公司的名称、联系地址以及个人联系电话告知 James,而行为人圣德的手机在 2013 年 1 月 2 日就收到了该信息;在涉案包裹从巴西联邦共和国寄出的次日即 2013 年 1 月 17 日就收到了该包裹的跟单号码。因此,如果说仅仅依据前两条事实信息、两条“绳子”不能完全证实行为人圣德与 James 合谋,那么加之后两条事实信息、两条“绳子”就可以把行为人圣德与 James 共同犯罪的事实捆绑得很结实。因为这 4 条绳子的两头分别为行为人圣德与 James,或与 James 极其密切关联的人。

四、根据行为人的客观行为推定主观要素

主客观相统一原则,尽管我国现行《刑法》没有将其规定为基本原则,但是,大多数刑法学者,特别是司法实务界都将其视为罪行认定的基本准则,将其视为是否为“铁案”经得起历史检验的最高标准之一。根据刑法学界的理解,主客观相统一原则是指,犯罪的成立不仅要求在客观上实施了危害社会的行为,而且要求主观上具有犯罪的故意或者过失,还要求主客观的内容具有一致性;刑事责任的确定不仅要求考虑行为的客观危害,还要考虑行为人的主观罪过及其人身危险性。[10] 众所周知,行为人的行为是在其主观认识支配下进行的,主观认识与行为活动存在着内容的一致性、因果关联性,只有在主观要件事实与客观要件事实符合一致时,司法人员才能据以定罪。

我国《刑法》分则第六章专门规定了走私、贩卖、运输、制造毒品犯罪,对毒品犯罪的相关问题作出了专门规定。根据刑法学界和司法实务界的一致理解,毒品犯罪属于故意犯罪。行为人主观上应当明知是毒品,否则无法认定毒品犯罪。行为人是否明知,属于其内心世界的认识问题,最有效的证明方法是取得行为人的供述,但是,在行为人否认自己明知,或者不予供认的情况下,很难通过其他证据直接证明。最高人民检察院公诉厅发布的“公诉厅意见”[11] 和最高人民法院发布的“毒品犯罪纪要”[12] 都

采用了推定的方法来代替直接证明。根据证据法学界的解释，推定是在基础事实得到充分证明的基础上，根据经验法则、逻辑法则、刑事政策、法律规定，直接认定推定事实的成立。在证明“客观行为”的基础上，省略对“主观明知”的证明环节，根据行为人的某些客观行为，直接认定行为人的主观心态。因本案行为人圣德始终“零”口供，无法依据其供述认定其主观要素，我们只有从行为人圣德已经实施的客观行为中推定其主观上“明知”是毒品。

行为人圣德在本案藏匿毒品的邮包从巴西联邦共和国未邮寄之前已掌握国内收件人章某的相关信息。在该包裹在巴西联邦共和国邮寄后第二天掌握邮单号码。在该邮包进入我国后的第一时间即与章某联系，并要求尽快转寄像书一样的物品菜谱（其中藏匿毒品可卡因 318 克）。多次催促章某将邮包中像书一样物品转寄到广州市其提供的地址。在章某提出要求其支付远高出正常邮费的汇款要求后当即应允。行为人圣德在转寄后第二天即进行多次跟踪查询。依据经验法则、逻辑法则，行为人圣德要求章某转寄一本从巴西联邦共和国邮寄来的一本普通菜谱，该菜谱既非急需用品，又非值得支付高额邮费通过他人费时周折转寄的贵重物品，更非有纪念价值的特定物品（行为人圣德始终没有作此供述），在获悉章某将邮包寄出后非常关注该邮包进程，并急于收取该邮包。更完全不必在案发后极力开脱与该邮包的关系。从以上行为人圣德实施的客观行为看，行为人圣德主观上对面单号为 CP298 × × × × ×1BR 的邮件中藏匿毒品系明知，具有走私毒品的犯罪故意。这是本案以客观行为推定行为人主观故意的过程。然而，也有学者认为，事实裁判者对案件事实的认定并非完全依靠证据进行证明，而是采用推定等替代证明的方式,这无疑是证据裁判原则的例外。[13]对此,我们认为,证据裁判原则强调的是事实裁判者不得以证据以外的其他客观现象为依据来认定事实;不得仅凭司法官个人的主观推测和印象来认定事实;司法官认定事实以有证据存在为前提,无证据则无认定事实的依据。[14]就证据裁判原则与推定的关系而言,二者具有相容之处,推定强调以基础事实为前提,以间接证据为依据,符合“以有证据存在为前提,无证据则无认定事实的依据”的逻辑。推定未必是证据裁判原则的例外,而是证据裁判原则的一个特例。

五、完善间接证据体系——行为人无辜的排除

运用间接证据认定毒品案件事实,在证明犯罪客观要素和主观要素之外,对行为人的辩解须务必给予足够的重视。换言之,在间接证据体系中还应当存在能够排除行为人无辜辩解的证据。在司法实践中,行为人的辩解主要集中于其客观行为之上,因此对行为人辩解的认定与否至关重要。有人主张,只要行为人的行为具有一定的不合理性,就可以认定其具有毒品犯罪的故意。[15]而我们认为,运用推定的方法认定行为人毒品犯罪的主观故意必须要严格遵守“无罪推定”原则。行为人犯罪时的主观心态隐藏于行为人之内心,司法人员通过行为人外部的客观行为推定行为人的主观心态时必然受到司法人员的认识能力、经验、社会阅历等条件的限制,可能囿于司法人员个人判断及价值观的差异,往往导致不同的司法人员运用同一案件中相同的证据建构案件事实会得出不同的结论。因此,我们认为司法人员在根据行为人的客观行为推定其主观故意时,如果结论不是唯一的,要依照“疑罪从无”和“有利于被告”精神作出认定。还有人提出,当司法人员认为犯罪嫌疑人、被告人对其行为不能作出合理解释之时,控

方的证明就已经成立,法官已经排除了合理怀疑,就可推定行为人是明知,毒品犯罪便成立了。[16]对此,我们认为,这种看法不符合无罪推定以及诉讼证明的基本原理。行为人对自己的行为不能做出合理解释,或者不能举出反证的,与证明行为人实施毒品犯罪没有关联性。依据人权保障法则,行为人并没有法定的义务必须对自己的行为作出科学、合理的解释,不应当承担举证不能、解释不周延的法律后果。换言之,行为人即使实施了极其怪异的、为社会公众绝不会认可的行为,也不能作为认定行为人参与实施毒品犯罪的证据。司法实践中,行为人"不能做出合理解释,不能举出反证"在证明力上仅仅起到增强审判者内心确信、排除行为人遭受蒙骗被他人利用实施毒品犯罪合理怀疑的证明作用。真正能够证明行为人实施毒品犯罪的证据在于行为人自己实施了的一系列客观行为,真正推定行为人主观故意的基础事实是行为人实施的客观行为,而非不合理的解释或者没有举出反证。当然,对行为人异常的或者有违生活常理的行为蕴含内心主观故意的挖掘则另当别论,属于通过推定证明行为人主观故意的范畴。这一点丝毫不容动摇,务必要十分坚定地坚持下去。

本案中,行为人圣德提出系其朋友阿酷让其收取包裹且只有一次,其朋友阿酷等人让其汇款 200 元。经过审理查明,2013 年 2 月 20 日,证人章某系应 Micheal 的要求从张家港市寄出邮包,不是阿酷的要求,邮包载明的收件人 Micheal 即为圣德。圣德在邮包寄出后即通过网络查寻邮件进程十余次,首次查寻时间为 2 月 21 日 5 时 59 分,早于其供述的阿酷于 2 月 21 日晚上要其代收该邮包的时间。依据阿酷于 2 月 21 日晚上要其代收邮包的辩解,行为人圣德无法在此日之前就已掌握邮包存在,以及邮包的面单号,更无法查询该邮件的进程。2013 年 2 月 18 日 12 点 25

分，行为人圣德·阿美·强向章某账户622××××× 810存款200元。该200元在章某提出要求后即汇出，而依据圣德在侦查阶段的稳定供述，阿酷等人当日均不在广州市，也没有证据证明在圣德答应汇款要求后，圣德与阿酷联系协商汇款事宜。况且，侦查机关根据圣德提供的线索没有查找到阿酷等相关人员。故行为人圣德提出系阿酷让其代收包裹、阿酷等人让其汇款200元的辩解无证据支持。

行为人圣德还提出其对笔记本电脑中查询快递信息的事情不知情，系其朋友或邻居查询的；号码为158×××××419的手机系阿酷于2013年2月21日晚上所给，其此前没有使用过该手机。经过审理查明，行为人圣德使用的笔记本电脑内关于快递单号204×××××245的查询记录2013年2月21日有10次，首次查寻时间为5时59，2013年2月22日的有3次，其中一次为0时31。根据生活常识，通过网络查询快递流程需依据快递单号才能进行，而本案无证据证明圣德的朋友或邻居知悉该快递单号，且其朋友或邻居在凌晨到其住处查询快递跟单信息有违常理。证人快递员郭某某的证言证明，郭某某每次向Micheal即圣德派送邮件时都事先与号码为158×××××419的手机联系。郭某某号码为139×××××724的手机与号码为158×××××419手机的通话记录显示，2013年1月6日至2月22日，两部手机通话14次。证人章某某的证言、短信记录、通话记录等证据证明，2013年2月18日至20日，Micheal一直使用号码为158×××××419的手机与章某进行联系。行为人圣德即为收件人Micheal。故圣德提出的号码为158×××××419的手机系AKIM于2013年2月21日晚上给其，在此之前没有使用该手机的辩解与事实不符，不能成立。

根据以上的推理,我们认为行为人圣德的辩解不足采信。我们主张在间接证据体系中还应当存在能够排除行为人无辜辩解的证据,主要缘由在于排除行为人没有实施犯罪事实的可能性,排除对间接证据是否真实,案件事实是否成立的合理怀疑,验证各项间接证据之间,以及间接证据与案件事实之间是否存在矛盾以及是否得到了合理的排除。最终认定全案证据指向同一案件事实,即行为人圣德伙同他人共同走私毒品的唯一结论。

【参考文献和注释】

[1][苏]安·扬·维辛斯基:《苏维埃法律上的诉讼证据理论》,王之相译,法律出版社1957年版,第339页。

[2]樊崇义主编:《证据法学》,法律出版社2004年版,第213页;卞建林主编:《证据法学》,中国政法大学出版社2002年版,第165页。

[3]陈朴生:《刑事证据法》,台北,三民书局1979年版,第136-137页。

[4]陈瑞华:《论证据相互印证规则》,载《法商研究》2012年第1期。

[5]阮堂辉:《间接证据理论的思辨与实证》,人民出版社2009年版,第11、13页。

[6]我们在此主要考察案件的客观事实,犯罪构成的客观要素。

[7]同[4]。

[8]同[5]。

[9]同[5]。

[10]张明楷:《刑法学》(第2版),法律出版社2003年版,第49页。

[11]同[5]。

[12]最高人民法院《全国部分法院审理毒品犯罪案件工作座谈会纪要》。

[13]褚福民:《证明困难的解决模式——以毒品犯罪明知为例的分析》,载《当代法学》2010年第2期。

[14]徐静村:《刑事诉讼法》(上册),法律出版社1999年版,第137页。

[15]周和玉:《从严把握毒品犯罪中主观故意的推定》,载《人民检察》2007年第21期。

[16]赵志华:《论毒品犯罪中明知的证明标准》,载《证据科学》2013年第21卷。

国家间刑事诉讼移管基础探讨*

【内容摘要】国家间刑事诉讼移管是一种深层次的国际刑事司法合作方式，其产生和发展有深厚的内在根据和法理基础，在国际刑事诉讼法框架中，具有独立的诉讼制度地位。作为我国司法机关与外国司法机关刑事司法合作的常态机制，可以在各省、自治区、直辖市筛选出特定的中级人民法院作为审理这类案件的定点法院进行试点。

【关键词】刑事诉讼移管　诉讼移交　国际刑事司法合作

一、刑事诉讼移管概述

在国家间刑事司法合作领域，刑事诉讼移管作为一种新型、深层次的合作方式，于20世纪50年代在欧洲率先建立。随后，逐渐获得国际社会的充分肯定和普遍认可。40年后，即20世纪90年代初，我国法学界开始对其进行比较深入的研究，并在我国与土耳其、希腊等国签订的双边条约和互助协定中逐渐被确定下来。

（一）刑事诉讼移管的性质

关于"刑事诉讼移管"，其英文表述为"transfer of criminal

* 原载于《江苏警官学院学报》2011年第3期。

proceedings in criminal matters”,区别于“transfer of persons”,国内有学者将其翻译为刑事诉讼程序的移交、刑事诉讼的移交、刑事案件的移交、刑事诉讼移管等。

1. 学者的诠释。观点一,陆晓光先生在《国际刑法学概论》一书中认为,诉讼移管的基本含义是指:甲国司法机关发现乙国公民在甲国境内有触犯甲国刑律的罪行后逃往乙国,而乙国法律又禁止向外国引渡本国公民,或者由于罪行较轻,甲国认为诉诸引渡程序费时费力,得不偿失,或者由于案件的主要知情人或证据在乙国,因而在乙国进行诉讼更有利于查清案件事实。在上述情况下,甲国司法机关根据双方进行司法协助的协定或者互惠原则,将本来属于自己管辖范围的案件,交给乙国管辖。[1]观点二,赵永琛在《国际刑法与司法协助》一书中提出:刑事诉讼移转管辖,就是指一国将本应由其管辖的刑事案件委托他国进行刑事诉讼管辖的一种程序。一国将刑事案件转移给他国诉讼的过程实际上就是国家转让管辖权的过程。它不同于国家内部各司法机关之间的移转管辖。[2]观点三,张智辉提出,刑事诉讼移管是涉外刑事诉讼转移管辖的简称,是指对犯罪有管辖权的一国由于某种原因,不能进行或完成追究该犯罪的刑事责任的刑事诉讼活动时,将案件移交给另一国管辖的活动。[3]观点四,赵秉志等人在《跨国跨地区犯罪的惩治》一书中认为,国际刑事案件移交通常称作刑事诉讼移管,它是指一国的司法主管机关,应有管辖权的他国有关主管机关之请求,根据国际法和本国法的有关规定,对在他国犯有某种罪行的本国公民进行追诉的一种司法合作制度。观点五,黄风等人在《国际刑法学》一书中认为,刑事诉讼移管是指:一国或数国根据另一国的请求或者根据有关的协议将由本国管辖的刑事案件移交给另一国审理,并为此向该国提供必要的司法协助。[4]

2. 笔者的分析。上述五种有代表性的观点,各位论者剖析、切入的角度不同,界定的侧重点也有区别,但均在一定程度上揭示了刑事诉讼移管的基本属性。如观点一指出:刑事诉讼移管的基本含义是甲国"将本来属于自己管辖范围的案件,交给乙国管辖"。观点二指出:诉讼移管"实际上就是国家转让管辖权的过程"。观点三指出:诉讼移管系一国在"不能进行或完成追究该犯罪的刑事责任的刑事诉讼活动时"才进行的案件移交。观点四指出:被请求国可以"根据国际法和本国法的有关规定"进行审理。观点五则进一步指出:请求国"并为此向该国(被请求国)提供必要的司法协助"。

然而,上述五种观点有诸多值得推敲之处。首先,是否必须在刑事诉讼移管的概念中明确界定被追诉对象的国籍,值得推敲。追溯源头,刑事诉讼移管在欧洲建立初始,确实是作为被请求国拒绝引渡本国公民的替代措施出现,突破被请求国不引渡本国公民的障碍而创设,但是,时过境迁,刑事诉讼移管在预防和惩处跨国有组织犯罪、恐怖犯罪、环境犯罪、反腐败犯罪等侵害全人类利益的犯罪过程中,发挥的作用日益巨大,逐渐为国际社会认可、鼓励,在具体的司法合作实践中,被追诉对象已不再局限于"本国公民",如涉毒案件、恐怖犯罪案件等,无论被追诉人是外国人或无国籍人,相关被请求国均应当进行刑事诉讼移管合作。其次,是否必须在刑事诉讼移管的概念中明确规定被请求国依据"委托"取得案件的管辖权,亦值得推敲。当下,日益增多的主权国家出于维护国家长远利益、国际社会整体利益的需要,已经签订或加入了诸如打击跨国有组织犯罪、环境犯罪的国际条约。在一定范围内,可以认为,依据现行的国际法或国际条约,主权国家对特定的国际犯罪一般都享有刑事管辖权。[5]如果被请求国对移交案件本身就享有刑事管辖权,再定位成依据请求国的“委托”,“代为”行使管辖权,则不合情理。因为依据“代理管辖”原理,被请求国对该犯罪提起诉讼,其管辖权来源于请求国的“委托授权”,被请求国是接受委托、代理他国行使的,没有委托就不能行使管辖权。显然,“委托代理”排除了被请求国享有管辖权而仍然接受移交的情形。[6]以上诸观点没有对刑事诉讼移管的性质作出统一的界定。它是一种诉讼程序、诉讼活动,抑或一种司法合作制度?各有说辞。

笔者认为,刑事诉讼移管首先是国家间司法合作的一种诉讼程序,还涉及案件实体问题如证据的移交、适用的法律、合法权利的维护等,不仅仅为诉讼程序所能涵盖,属于内涵深邃,外延广泛的国际刑事诉讼法框架中的范畴。在最广义的刑事司法协助领域,它是一种最深层次的国际刑事司法合作方式,与狭义的刑事司法协助形式、引渡、被判刑人的移管、外国刑事判决的承认和执行等相并列。在国际刑事诉讼法框架中,系属一种具体的刑事诉讼制度,类似于一国国内刑事诉讼法规定的转移管辖制度。只不过是前者必然发生在不同主权国家的司法机关之间,而后者则局限于一国的司法机关之间。

综上所述,笔者认为,刑事诉讼移管是指一国在特定情况下,将自己享有管辖权的涉外案件移交他国管辖的一种国际刑事诉讼管辖制度。它不同于主权国家内部各司法机关之间的移转管辖(本文研究的范围仅限于国家之间的诉讼移管,对国家与国际刑事法庭之间的诉讼移管暂不涉及)。至少涉及两个国家即请求国和被请求国。

(二)刑事诉讼移管的特征

关于刑事诉讼移管的特征,有学者提出三特征说[7],具体为:“1.刑事管辖权的转移是国家主权转让的一种形式;2.它产生了新的刑事管辖原则;3.它属于深层次的国际刑事合作。”也有学者提出四特征说,[8]具体为:“(1)国家公共秩序的保留,是刑事诉讼移转管辖的显著特征;(2)刑事诉讼移转符合现代刑事诉讼发展需要;(3)刑事诉讼移转管辖的主体具有特定性;(4)适用的法律具有跨国性。”还有学者提出五特征说[9],具体为:“(1)对转移诉讼的案件,请求国应有管辖权,而被请求国则本无管辖权或未行使管辖权;(2)请求国应允许被请求国行使必要的管辖权;(3)被请求国完全有权依照本国法律提起刑事诉讼和审判,不受请求国法律的约束;(4)被请求国根据请求国的请求对某一罪行提起诉讼后,请求国不得在对同一罪行提起诉讼;(5)转移诉讼是管辖权的转移,而不发生人犯的转移。”现代汉语词典解释,特征是指可以作为事物特点的征象、标志等。[10]据此,刑事诉讼移管的特征应该是可以代表刑事诉讼移管特点的征象、标志,可以用来区别其他相关的概念。对此,笔者赞同上述刑事管辖权的转移是国家主权“转让”的一种形式;适用的法律具有跨国性等论述,但主张对概念本身的应有之义、诉讼移转的条件、诉讼移转的效力、诉讼移转本身的意义等,应与概念的特征相区别。在此意义上,笔者认为刑事诉讼移管具有如下明显的特征。

1.刑事管辖权让渡的彻底性。正如赵永琛教授所言:“一国将刑事案件转移给他国诉讼的过程实际上就是国家转让管辖权的过程。”[11]被请求国接受移转请求后,请求国即转让了对该案件进行侦查、起诉、审判、执行的司法权力,被请求国即获得了完整的排他的刑事管辖权,有权依照国际法和本国法行使国家管辖权。与此同时,请求国不得再对该案件进行侦查、起诉、审判、执行等活动,国际法规定的属地、属人、属时管辖权也失去效力,而且请求国还应当承担相应的司法协助义务,包括主动移交有关被告人曾在请求国犯罪的有关证据、相关材料;当被请求国提出某项具体的狭义的司法协助时,如送达文书、调查取证、搜查、扣押、鉴定等,请求国有义务给予支援和协助。当然,请求国仍然享有采用立法和行政方法管辖犯罪的国家权力。

2. 适用法律的复杂性。在刑事诉讼移转管辖中,至少有请求国和被请求国两个国家,而且请求国对移交的案件享有刑事管辖权。这里涉及国际法中的刑事管辖权(criminal jurisdiction)问题。首先,就管辖权的性质而言,国际法中的刑事管辖权可以分为两大类:一类是国际法承认的,根据国内法享有的刑事管辖权。行使这类刑事管辖权只适用国内刑法,不适用外国刑法。另一类是根据国际法和国际条约享有的刑事管辖权。行使这类刑事管辖权,适用国际法,包括国际刑法。[12]因此在确定请求国对移交的案件是否享有刑事管辖权时就已经涉及国际刑法、国际条约和请求国国内法(主要是国内刑法)。其次,诉讼移转管辖适用的程序、范围、条件等还要视情国家间是否签订司法协助的协定或国际条约而定,个别移交案例还可能存在两国临时就特定案件达成个案协定。最后,如果被请求国接受诉讼移转,即获得依照国际法和本国法行使管辖权的权力。简言之,被请求国有权依据国内刑法和国际法自由行使刑事司法权,而不受请求国法律的约束。这时又涉及被请求国的国内刑法。

3. 刑事诉讼移管的制度属性。刑事诉讼移转主要发生在国家与国家之间,尽管在国家与某些国际组织之间,如国际特别刑事法庭、国际刑事法院等之间也可能存在,但两者适用的诉讼规则会有所区别。这不影响刑事诉讼移管固有的刑事诉讼法中的制度属性。在国际刑事诉讼法框架中,刑事诉讼移转管辖在诉讼制度体系中处于不可或缺的基础地位。首先,其产生具有国际刑事诉讼司法实践的现实基础,一是它能够有效消除国家间刑事管辖权的冲突;二是它能够切实惩处诸如跨国有组织犯罪、恐怖犯罪、贪污贿赂犯罪等仅以一国之力难以完成的犯罪。其次,符合现代国际刑事诉讼的需要,有助于实现世界范围内的公平正义,维护全人类的根本利益和整体利益。最后,符合国际刑事诉讼原理,经过半个多世纪的国际刑事司法实践,其生命力日益旺盛,并为国际刑法、国际条约所确认,已经成为由国际法、国际条约规定的一种具体的国际刑事诉讼管辖制度。

二、刑事诉讼移管的理论基础

(一)主权让渡论

根据传统的国家主权理论,国家主权是神圣的、不可分割、不可转让的。而刑事管辖权是国家主权的组成部分,刑事诉讼移管转让的恰恰是国家刑事管辖权。因此,对国家主权可否让渡的认识必然成为刑事诉讼移管能否成立、发展的理论前提。

1. 绝对主权论。15 世纪、16 世纪,随着资本主义政治经济的发展和欧洲民族国家的出现,迫切需要加强君主对内的统治权力,使君主能以最高权力的名义在国内实行统治和管理。在此背景下,近代绝对主权论和主权让渡反对论应运而生。被誉为“近代主权理论之父”[13]的法国政治家、思想家博丹第一次明确使用了“主权”概念,他认为主权是君主“不受法律限制的对臣民的最高权力”,是绝对的、不可分的、不可转让的,只受神法、自然法和万国法的拘束。英国哲学家霍布斯第一个全面论述了“国家契约论”,他主张把国家统治权交给君主,并授予君主无限的权力。法国启蒙思想家卢梭,他认为人民主权在社会契约的基础上才能形成,以社会契约方式建立的国家,其最高权力属于人民全体,人民行使国家权力成为人民主权,主权是绝对的、至高无上的、不可侵犯的、不可分割的和不可转让的。[14]奥斯丁在《法理学的范围》中,从法律科学的角度阐释了主权学说,认为主权不受法律的限制。由上可见,近代国家主权理论强调主权的最高性、绝对性和不受限制性,而忽视了主权的相对性、平等性等。[15]

2. 相对主权论。然而,随着国际法理论的发展和国际社会现实的变化,特别是第一次世界大战爆发后,国际社会开始重新审视包括国家主权理论在内的战争与和平、国家权力等问题,国家主权学说变得更加丰富多样。格劳秀斯主张,国家主权是相对的,国家必须遵守国际法,各国彼此均受制于国际法的最高规范“普遍至高的正义原则”(Universal Supremacy of Justice)。[16]德国公法学家普芬多夫在其著作《自然法和万国法》中提出,主权虽然是最高的,但不是绝对的、不受限制的,而且要受神法、自然法以及习惯等方面的约束。他认为“主权是一个国家对内的最高权力,但不是绝对的权力,而且权力是可以受宪法限制的”[17]。美籍奥地利国际法学家凯尔森也认为“主权作为规范性秩序的一种特质”,在本质上虽然具有绝对性,但是“如果采取主权这一术语的原来意义,即最高权威的意义,国家就没有主权这一基本权利,而且是不可能有的。作为国际权利的主体,国家是受国际法的支配的,即使国际法被认为是国内法的一部分”[18]。劳特派特也指出:“国际法的进步,国际和平的维持,以及随之而来的独立民族国家的维持,从长远来看,是以各国交出一部分主权为条件的,这样才有可能在有限范围内进行国际立法,并在必然无限范围内实现具有强制管辖权的国际法庭所确立的法治。”[19]因此，主权相对论逐渐取代主权绝对论而被国际法学家和各国政治家信赖和接受。

3. 管辖权让渡论是构建刑事诉讼移管制度的逻辑前提。相对主权论的产生和发展不是凭空而生，而是由国际社会客观现实的演变所决定。从 15 世纪、16 世纪欧洲民族君主制国家的兴起，到 19 世纪末 20 世纪初，垄断资本要求打破旧民族国家的界限，再至当下现代科技和交通信息的高速发展，一国的生存和发展不再孤立进行，而取决于全球各国之间的相互依存、相互协作，主权国家为了实现自己的最高利益乃至全人类的整体利益，都在自觉地、自愿地签订或加入国际条约，加入区域组织、国际组织，主动接受国际法的约束，适度地让渡国家主权。在国际合作过程中，传统意义上纯属国内管辖的事项，原来可以不受国际法义务限制的以及其他完全能够自主、自由处理的事项，意味着受到国际法的约束。对此，国际法研究院宣称“保留给国家国内管辖的领域是指国家的活动不受国际法约束的领域，其范围取决于国际法并依国际法的发展而变化”[20]。事实已经证明，国际法在逐步涉入原本属于国家内部管辖的事项，传统的属地优先权、属人优先权正在相应缩小。并且，随着国际关系的不断演变、国际经济全球化趋势、国际社会组织化趋势、国际社会依存性的进一步增强，纯属国内管辖事项的范围还在继续缩小。因为主权国家为了更好地实现国家的整体利益和长远利益，都可以或正在自觉地牺牲部分主权利益。[21]表现在国际刑事司法合作中，请求国必须在放纵犯罪、漠视犯罪的存在，与损害国家眼前利益、让渡刑事管辖权之间作出权衡和抉择的时候，如果属于适当让渡刑事管辖权即能够更好地维护国家主权、尊严和利益的情形，任何国家都应毫不犹豫地作出请求移转管辖的决定。正如马克思所说："人们奋斗所争取的一切，都同他们的利益有关。"[22]况且，适度地放弃管辖权是主权国家自主、自愿的行为，作为行使国家主权的一种方式，理应成为保障和实现国家利益最大化的一种手段。

(二)或引渡或移管

早在1625年，国际法之父胡果·格劳秀斯在《战争与和平法》中提出："由于通常情况下一个国家不会允许另一个国家的武装力量进入其领土惩罚犯罪，所以罪犯所在的王国就有必要基于受害方的控诉，或者自己对犯罪进行惩罚，或者将其移交给受害方处置。"[23]此即法谚"或引渡或惩罚"，后称为"不引渡就起诉"。格劳秀斯论道："在本世纪和上个世纪里欧洲的大部分地区普遍奉行这一做法，即有权要求将逃入其他王国的罪犯加以惩罚或者进行移交……"[24]1878年，英国和瑞士在经历"威尔逊案"后，签订了第一个承认"不引渡就起诉"原则的双边条约。该条约规定：英国同意引渡在瑞士犯罪的而在英国发现的所有人(包括英国国民)；瑞士同意引渡在英国犯罪而在瑞士发现的、除瑞士国民以外的所有人，但是瑞士应将在英国犯罪而不予引渡的瑞士国民，按照瑞士法律起诉。[25]随后，普遍的国际刑法条约逐渐将该原则演变为"或引渡或起诉"原则(aut dedere aut judicare)，如1929年《防止伪造货币公约》、1936年《禁止非法买卖麻醉品公约》等。1970年，《海牙公约》(《制止非法劫持航空器公约》)第7条作出论述该原则的标准范本：在其境内发现被指称的罪犯的缔约国，如不将此人引渡，则不论罪行是否在其境内发生，应毫无例外地并无不适当延迟地将案件提交其主管当局以便起诉，该当局应按照本国法律以对待任何严重性质的普通罪行案件的同样方式作出决定。

综观以上关乎“或引渡或起诉”原则的发展历程及具体移管实践的记载,可见其中均有“诉讼移交”“案件移交”的字眼,应当说后者是前者不可分割的组成部分,只要存在被追诉对象不被引渡的场合,该原则必然要求被请求国将犯罪分子提交本国的司法当局。案件移交实为“或引渡或起诉”的一种外在表现,“或引渡或起诉”是案件移交的实体法律基础。[26] 在时间顺序上,存在引渡不能再行移交的递进次序。然而,笔者认为,引渡与刑事诉讼移转管辖之间不应当存在一种适用上的先后顺序,而仅存二者择其一的并列关系。被请求国有权也有义务或者将罪犯引渡给请求国,或者依照本国国内法提交国内有关当局。假如被请求国选择将案件提交国内有关当局,请求国应当提供相应的司法协助(如提供罪犯在请求国犯罪的证据、文件、证人作证、鉴定等),以便利起诉事宜的顺利进行。当被请求国不接受引渡请求又不提请国内有关当局时,国际社会则赋予被请求国接受相关国家的移交请求或者将案件移交相关国家的义务,强制被请求国通过向外移管案件或接受外国移管实现管辖相关刑事案件,禁绝被请求国不作为现象的发生。赋予被请求国双向移管的权力,强化被请求国的作为义务,促进国际社会密切合作共同合力预防和惩处国际犯罪。

三、刑事诉讼移管的法律渊源

欧洲国家根据地缘优势,首先开展了刑事诉讼移转管辖的合作实践。因此,比较成熟的法律规定和实践经验也当属欧洲国家。

(一)欧洲、亚洲国家的相关规定

1957 年,欧洲国家签订了《欧洲引渡条约》,其中第 6 条第 2

项规定:如果被请求国不引渡本国国民,则基于请求国之请求,应将案件提交司法当局,以便进行追诉。为达到追诉的目的,请求国应将有关犯罪的记录、调查报告及物证,无偿送达被请求国。被请求国应将诉讼之结果通报请求国。该条约首次确立了刑事诉讼移管制度,明确了请求国和被请求国双方的权利和义务,具有一定的可操作性,很快得到了国际社会的效仿。1958 年,苏联与匈牙利即签订了《关于民事、家庭和刑事案件提供司法协助的条约》,其中第 56 条规定:缔约各方有义务根据缔约另一方的请求,按照本国法律对在缔约另一方境内犯有可引渡罪行的本国公民提起刑事诉讼。

由于欧洲国家领土毗连、公路发达,跨国交通肇事案件甚多。1964 年 11 月 30 日,欧洲国家首次就个罪的诉讼移管事宜签订了专门的《欧洲惩处道路交通肇事罪公约》,明确规定了道路交通肇事案件刑事管辖权转移的具体程序。时过 8 年,刑事诉讼移管逐渐得到欧洲国家的普遍认可和肯定,积累了相当的司法经验,于 1972 年 5 月 15 日签订了《欧洲刑事诉讼转移管辖公约》,对欧洲国家间刑事管辖权转移的条件、原则、程序等问题作了系统的规定,成为对刑事诉讼移转管辖进行专门规定的第一个国际公约。欧洲国家纷纷签订或加入该公约自不待言,需要特别指出的是,有的国家还将公约转化为本国的国内法,如 1981 年瑞士制定的《联邦国际刑事协助法》。

(二)联合国的相关规定

在欧洲、亚洲积极展开刑事诉讼移转管辖合作实践的同时,联合国也注意到该制度的积极价值。1985 年,在联合国通过的《申根协定》(Schengen Accord)中,伙伴国重申了刑事诉讼移转管辖的重要性,要求各缔约国承诺在条件具备时进行这方面的合作。

1988 年,联合国通过的《禁止非法贩运麻醉药品和精神药物公约》专门规定了一个诉讼移交的条文。该公约第 8 条规定:“缔约国应考虑对于按第三条第一款规定的犯罪的刑事起诉相互移交诉讼的可能性,如果此种移交被认为有利于适当的司法处置。”

1990 年,联合国预防犯罪和罪犯待遇大会通过《关于刑事诉讼移管的示范条约》,综合国际社会开展刑事管辖权移转的实践,号召各国积极开展这一国际刑事合作,拟定了刑事诉讼移转的模式。条约共 15 条,内容涵盖刑事诉讼移管的适用范围、请求及联系的方式、请求须提交的文件、适用的原则、犯罪嫌疑人的地位、对受害人的权利保障和费用等诸多方面,为当事国缔结刑事诉讼移管条约,提供了一个完整的范本。至此,刑事诉讼移管在联合国最高层次的文献中以专门文件的形式被确定下来。

随后,2003 年 9 月 29 日生效的《联合国打击跨国组织犯罪公约》第 21 条规定:“缔约国如认为相互移交诉讼有利于正当司法,特别是在涉及数国管辖权时,为了使起诉集中,应考虑相互移交诉讼的可能性,以便对本公约所涵盖的某项犯罪进行刑事诉讼。”2005 年 12 月 14 日生效的《联合国反腐败公约》第 47 条再次重申了这一点。

(三)中国与相关国家的双边协定

从 20 世纪 90 年代初至今,我国已和 20 多个国家签订了包含诉讼移管条款的司法协助条约和引渡条约。

1992 年,中国与土耳其签订了《中华人民共和国和土耳其共和国关于民事、商事和刑事司法协助的协定》,其中第 39 条规定了“诉讼的转移”,“缔约一方有义务根据请求,按照其本国法律,对于在提出请求的缔约一方境内犯罪的本国国民提起刑事诉讼”。

1998 年 5 月 7 日生效的《中华人民共和国和白俄罗斯共和国引渡条约》第 5 条规定,“不引渡本国国民的后果,被请求的缔约一方如果根据本条约第三条第(一)项拒绝引渡本国国民,在遵守本条约第二条规定的情况下,该方应根据请求的缔约一方的请求将该案件提交本国主管机关审理,以便根据被请求的缔约一方的法律对该国民提起刑事诉讼。为此目的,请求的缔约一方应向被请求的缔约一方移交与该案有关的文件和证据”。

由上可见,关于刑事诉讼移管的相关协定可谓形式多样。既有区域性的国际公约,又有全球性的国际条约;既有专门的规定,又有散见于司法协助、引渡条约中的条款;具有多边条约又有双边协定。在内容上,具有宣言式的约定,又有具体的程序规定,为我国与国际社会顺利展开刑事诉讼移管奠定了良好的法律基础。当下,我国尚没有与任何一个国家签订刑事诉讼移管协助方面的专门条约,所有关于刑事诉讼移管方面的约定都体现在双边司法协助和引渡条约中。至于适用的追诉对象,我国还只是将刑事诉讼移管作为本国国民不引渡原则的一种补救措施,对于在普遍管辖的层面下针对无国籍人、外国人展开刑事诉讼移管合作,至少在文字约定上还是空白。

四、刑事诉讼移管的实践基础

20 世纪 90 年代,中俄贸易发展迅速,吸引了众多国内外客商,中俄客运非常繁忙。在北京至莫斯科的 3/4 次国际列车上以及莫斯科等城市内,中国人对中国人的抢劫、谋杀、强奸等犯罪活动非常猖獗。为严惩犯罪,保障中俄贸易顺利进行,俄罗斯司法部门同中国司法机关都依据本国法律,按照国际法和国际惯例对犯罪案件进行立案侦查。依照俄罗斯国内法依法逮捕羁押了犯罪嫌疑人朱某金、赵某华、马某强、王某、牛某、洪某强、张某骥等。俄罗斯考虑到大量的、主要的犯罪证据在中国境内,中方处理该案会更有利于案件调查取证;犯罪嫌疑人均为中国国民,中方审判该案,将便于生效的判决交付执行。遂决定按照诉讼移转管辖的原则,把该案的刑事管辖权移交给中国司法机关,并将已经被逮捕的犯罪嫌疑人移交中国,成功地实现了案件管辖权的诉讼移转交接。我国司法机关接受此案后,由北京市高级人民法院依法审判,并于 1994 年 12 月 27 日经最高人民法院核准,对六名被告人判处死刑,另一被告人被判处 14 年有期徒刑。

2008 年 2 月初,日本多家媒体报道,兵库县和千叶县的 3 个家庭共计 10 名消费者,在购买并食用了河北某食品厂生产的饺子后,出现呕吐、腹泻等食物中毒症状。《环球时报》报道,据“日本新华侨报网”消息,2010 年 7 月 12 日,日本警察厅审议官以及千叶县、兵库县的警员一行 10 人抵达北京,就“毒饺子事件”展开调查。次日,在北京与中国警方的负责人进行了磋商。7 月 14 日,中日两国警方人员前往河北省石家庄市,并“参观”食品制造厂家“某食品厂”。随后,中日警方又前往日本考察了兵库县和千叶县的 3 个家庭。据资料反映,在本案的外交谈判过程中,日本警察厅曾考虑向中方提出把此案作为中国人在国外的犯罪由中方“代为处罚”。笔者认为,这属于刑事诉讼移管的范畴,犯罪分子吕某庭实施投放危险物质犯罪的结果地在日本(也在中国),依照日本刑法的规定,日本对该案享有刑事管辖权,但是,犯罪分子吕某庭系中国公民,犯罪行为行为地在中国,依据本国公民不引渡的惯例,中方不可能同意引渡犯罪分子吕某庭,在这种情况下，如果日本真正向中方提出由中方“代为处罚”，则无疑具有向中国移交该案件的性质。

刑事诉讼移管涉及国家主权、国家的经济、文化、外交等诸多深层次的因素，在具体实践中并非一帆风顺，但是我国在刑事诉讼移管方面的成功案例，又积累了一定的经验。

1. 相关国家如果地理位置邻近，则方便国家间政治、经济、法律制度和历史文化传统的交流，客观上会减小由于司法制度的不同而产生的对彼此之间的不信任。我国与亚洲国家有着很相似的历史背景、风俗文化、经济条件和地理风貌，民族间自古有着良好的交往，相互影响很深。这都为顺利开展刑事诉讼移管奠定了良好的人文基础。

2. 相关国家如果能够对打击特定国际犯罪、跨国犯罪达成共识，则有利于诉讼移交的顺利进行。随着跨国毒品犯罪、恐怖主义犯罪、拐卖妇女儿童犯罪、杀人、抢劫等犯罪的日益猖獗，以及犯罪分子流动性的明显增强，我国与周边国家已经形成了一种共同打击犯罪的利益共存关系，加上中南亚诸国的国内立法、国际条约有着比较一致的价值取向，便于刑事诉讼移管的运作建立在相互信任的基础之上。

3. 相关国家间如果签订了相关刑事司法互助协定，则便于刑事诉讼移管有效、顺利地进行。刑事诉讼移管涉及国际社会的深层交往，其适用至少事先须有一整套相应的程序规定。鉴于此，我国可以借鉴欧洲国家间合作的经验，与周边国家签订双方或者多方的刑事司法协助协定或者引渡条约，为刑事诉讼移管奠定法律基础。

依据我国《刑事诉讼法》划分刑事案件审级管辖的原则和规定，涉外案件一般由中级人民法院第一审。而我国司法机关在接受俄罗斯移交的案件后，将案件指定北京市高级人民法院第一审，第二审当然是最高人民法院。在我国，本案的审级是最高的。笔者认为，该案在当时的慎重处置无可非议，也为今后办理类似案件积累了一定的经验。但是，作为我国司法机关与外国司法机关刑事司法合作的常态机制，我国目前绝大多数中级人民法院审理涉外案件的司法能力，笔者主张还是由中级人民法院第一审比较适宜。一是我国中级人民法院审理一审案件具有非常丰富的审判经验，娴熟司法规程，具有一批优秀的审理一审案件的刑事法官。二是从案件的性质上看，中级人民法院审理一审符合我国现行《刑事诉讼法》的规定。三是高级人民法院的刑事审判职责是刑事案件第二审、死刑复核以及对下级人民法院的审判指导，审理第一审刑事案件不是其长处，审判第一审案件的质量未必高于中级人民法院，将高级人民法院作为第一审可能会出现事与愿违的结果。从司法实践看，高级人民法院审理第一审刑事案件少之又少，这也是不容忽视的现实。当然，在具体操作上，也要依据全国各地参差不齐的具体情况，可以在各省、自治区、直辖市筛选出特定的中级人民法院作为审理这类案件的定点法院，进行试点，这不失为一种很好的办法。

【参考文献和注释】

[1]陆晓光：《国际刑法学概论》，中国政法大学出版社 1991 年版，第 170 页。

[2]赵永琛：《国际刑法与司法协助》，法律出版社 1994 年版，第 273 页；1997 年，王铮的《国际警务合作中的刑事诉讼移转管辖》一文也提出类似观点，参见《中国人民公安大学学报》1997 年第 4、5 期。

[3]张智辉：《国际刑法通论》（增补本），中国政法大学出版社 1999 年版，第

369 页。

[4]黄风、凌岩、王秀梅:《国际刑法学》,中国人民大学出版社 2007 年版,第 332 页。

[5]按林欣先生的观点,国际法中的刑事管辖权可分为两类:一类是国际法承认的,根据国内法享有的刑事管辖权;另一类是根据国际法和国际条约享有的刑事管辖权。

[6]被请求国享有刑事管辖权,但尚未行使,为了及时追诉犯罪,也可以考虑进行刑事诉讼移管。

[7]王新清:《刑事管辖权的国际转移》,载找法网 2010 年 8 月 7 日,http: www. findlaw. cn。

[8]成良文:《刑事司法协助》,法律出版社 2003 年版,第 120 – 121 页。

[9]柯葛壮:《国际刑事司法协助各论》,载《政法论坛》1996 年第 4 期。

[10]《现代汉语词典》(增补本),商务印书馆 2002 年版,第 1235 页。

[11]赵永琛:《国际刑法与司法协助》,法律出版社 1994 年版,第 273 页。

[12]林欣:《国际法中的管辖权》,法律出版社 1988 年版,第 2 – 3 页。

[13]See Jacques Maritain, *The Concept of Sovereignty*, American Political Science Review, Vol. 44, p. 344(1950).

[14]杨泽伟:《主权论——国际法上的主权问题及其发展趋势研究》,北京大学出版社 2006 年版,第 18、21 页。

[15]同[14]。

[16]J. L. brierly, *The Law of Nations*, The Clarendon Press, p. 29(1955).

[17][英]劳特派特:《奥本海国际法》(上卷)(第一分册),王铁崖、陈体强译,商务印书馆 1989 年版,第 99 页。

[18][美]汉斯·凯尔森:《国际法原理》,王铁崖译,华夏出版社 1989 年版,第 131 页。

[19]同[17]书,第 101 页。

[20]同[14]书,第 40 页。

[21]董宁博、刘凯、杨斐:《试析全球化时代国家主权让渡的现实可能性》,

载《国际关系学院学报》2010 年第 2 期。

[22][德]马克思:《第六届莱茵省议会的辩论:关于出版自由和公布等级会议记录的辩论》,载《马克思恩格斯全集》第 1 卷,人民出版社 1995 年版,第 82 页。

[23][荷]格劳秀斯:《战争与和平法》,何勤华等译,上海人民出版社 2005 年版,第 381、320 页。

[24]同[23]。

[25]林欣:《国际刑法问题研究》,中国人民大学出版社 2000 年版,第 263 页。

[26]同[25];赵秉志:《国际区际刑法问题探索》,法律出版社 2003 年版,第 360 页。

国际刑法中的“或引渡或移管”原则论*

【内容摘要】“或引渡或移管”原则是“或引渡或起诉”原则的修正和发展，有着特定的产生背景和具体内涵，可以恰当地弥补“或引渡或起诉”原则的缺陷和不足，在当今国际社会刑事司法合作向纵深一体化推进的趋势下，“或引渡或移管”原则的价值意义将日益凸显，有望成为寻求有效的预防和惩处国际犯罪、跨国犯罪的新机制和新理论。

【关键词】诉讼移管　起诉　引渡

一、“或引渡或移管”的产生背景

（一）格劳秀斯的“或引渡或惩罚”思想

早在1625年，格劳秀斯在《战争与和平法》中指出：“由于通常情况下一个国家不会允许另一个国家的武装力量进入其领土惩罚犯罪，所以罪犯所在的王国就有必要基于受害方的控诉，或者自己对犯罪进行惩罚，或者将其移交给受害方处置。”[1] 此即法彦“或引渡或惩罚”的渊源。格劳秀斯还论道：“在本世纪上个

---

* 原载于《新疆警官高等专科学校学报》2012年第1期。

世纪里欧洲的大部分地区普遍奉行这一做法，即有权要求将逃入其他王国的罪犯加以惩罚或者进行移交，这些罪行包括犯下危及国家安全或者令人发指的暴行。”[2] 在当时，格劳秀斯的主张并没有被世界各国普遍接受。但其提出的犯罪人所在国和受害国合作“惩罚国际犯罪”的思想，对指引当时以及当今的国际刑事司法协助仍然具有相当的指导意义。针对“影响到整个人类社会的罪行”（国际犯罪），在相关“独立国家或主权者”不允许他国“侵犯其主权”进入其领域，又不移交逃犯的情况下，相关“独立国家或主权者”负有惩处国际犯罪的强制义务，防止犯罪分子所在国纵容罪犯，或者自己依据国内法惩处犯罪分子，或者将犯罪分子移交他国审判即引渡。格劳秀斯的核心思想是“惩罚犯罪”。同时格劳秀斯也注意到对“影响到整个人类社会的罪行”的界定，强调“司法调查应当先于移交”，[3] 认为“送交那些没有经过审判的人是不适当的”。

（二）“或引渡或起诉”的“入律”

引渡是国际社会最早进行司法合作、共同惩处国际犯罪的一种司法协助形式，但这并不说明国际社会对引渡的具体规则不存在争议。事实上，大陆法系国家和英美法系国家在对待本国国民是否引渡的问题上态度就不同，在刑事管辖权的确定上也不同。如大陆法系国家坚持本国公民不引渡，而英美法系的某些国家在特定时期则持相反的态度。因此，当两类国家间遇到逃犯的引渡问题时，就存在可能使犯罪分子逃避惩罚的漏洞。国内学界引用率颇高的典型案例就是 1878 年发生英国与瑞士之间的威尔逊引渡案。威尔逊是一名英国公民，在瑞士实施犯罪后逃回英国。犯罪地国瑞士向犯罪分子所在国（也是国籍国）英国提出引渡威尔逊的请求。英国法院在审理过程中发现，根据 1874 年英国和瑞士签订的引渡条约,两国互不引渡本国的公民,因此拒绝了瑞士的引渡请求。英国在当时属于严格遵循属地管辖权的国家,不对本国公民在国外的犯罪行为予以惩罚,导致犯罪分子威尔逊因此逃脱了法律的惩罚。但这种现象不为国际社会所接受和容忍,明显违背了英国对国际社会整体的义务。为堵塞上述漏洞,1880年英国与瑞士重新签订了引渡条约,即第一个承认“不引渡就起诉”的双边条约。该条约规定:英国同意引渡在瑞士犯罪的而在英国发现的所有人(包括英国公民);瑞士同意引渡在英国犯罪而在瑞士发现的、除瑞士公民以外的所有人,但是瑞士应当将在英国犯罪而不予引渡的瑞士国民,按照瑞士法律进行起诉。[4]随后,普遍的国际刑法条约逐渐将该原则演变为“或引渡或起诉”原则(aut dedere aut judicare),并且写入很多重要的国际公约中。如1929年《防止伪造货币公约》、1936年《禁止非法买卖麻醉品公约》等。1970年,《海牙公约》(《制止非法劫持航空器公约》)第7条作出论述该原则的标准范本:在其境内发现被指称的罪犯的缔约国,如不将此人引渡,则不论罪行是否在其境内发生,应毫无例外地并无不适当延迟地将案件提交其主管当局以便起诉,该当局应按照本国法律以对待任何严重性质的普通罪行案件的同样方式作出决定。21世纪之初生效的《联合国打击跨国有组织犯罪公约》《联合国反腐败公约》均有类似的条款。因此,促使或引渡或起诉得以发展,并且写入国际公约的是本国国民不引渡规则在适用中所遇到的强有力的挑战。

关于“不引渡就起诉”和“或起诉或引渡”的说法有无不同,有学者认为,依据“不引渡就起诉”原理,起诉的义务是强制性的。在“或引渡或起诉”规则里,引渡和起诉的义务都是强制性的,而不是任意性的,只不过是选择其中一项加以履行。[5]对此,笔者赞同成良文博士的观点:“不引渡就起诉”和“或引渡或起诉”两者在司法实践中的效用相同,它给被要求引渡国提供了选择的可能,引渡和起诉二者择其一,在这一点上两者都是同一的,选择是任意的,选择后的作为都是强制性的。“不引渡就起诉”和“或引渡或起诉”实质内涵是同一的。根据笔者对相关英文资料的解读,倾向于认为“不引渡就起诉”和“或起诉或引渡”两种不同的说法是由于英语语言的习惯、风格不同造成翻译上的细微差异。重心均在“起诉”义务的强制性上。

(三)“或引渡或起诉”的缺陷

初步的正义要求惩罚国际法项下的严重犯罪,还有,报应的思想具有自己的位置,这是无法否认的。人们相信:不惩罚侵犯人权的实践(一种“不惩罚的文化”),是这些犯罪顽固地一再发生的重要原因,联合国安理会认为起诉和惩罚那些有罪的人将对防止侵犯人权作出贡献。[6]《国际刑事法院规约》在序言中强调:“与国际社会整体有利害关系的最严重的犯罪,一定不能在不受惩罚的情况下脱逃,并且……必须在国内层面采取措施和提供国际合作来保证对它们提起有效的起诉。”各成员国均忆及“各国有义务对犯有国际罪行的人行使刑事管辖权”,[7]国家应当承担起诉义务,习惯性国际法承认对国际法项下的犯罪实施国有起诉的义务。[8]根据国际条约,对于灭绝种族和国际武装冲突中的战争罪来说,均存在着这个义务。20 世纪 90 年代,美洲人权法院作出的一个决定引发一场学术讨论,在这场讨论中的参加者认为,对任何严重侵犯人权的起诉义务均是存在的。美洲人权法院认为,一个国家有法律义务防止侵犯人权,应认真调查这种侵犯的证据,认定应该负责的人,运用恰当的刑罚,并且保证给被害人提供适当的补偿。根据这种解释,起诉的义务来自国家保障人权和提供有效法律保护的义务。[9]

然而,由国家承担起诉义务,在实践中取得效果很有限。[10]第一,德国格哈德·韦勒认为,国际法项下的犯罪是典型的国家犯罪,把起诉国家犯罪的义务完全交给国家承担,就意味着自己对自己的行为作出判决。这是一种悖论。更何况把根据条约义务采取行动的全部责任赋予各缔约国,容易受到各缔约国国内政治、经济、文化因素影响,各缔约国执行起来差异很大,它的适用与执行不稳定,缺乏制裁违法行为的统一标准和一般规定,容易造成定罪混乱,各缔约国往往不加区别地搜罗若干禁止性规范,既缺乏共同性,又与整体结构、一般规则没有什么联系。因此对被告人在缔约国刑事诉讼中的地位和权利,由于缺乏保护的措施,也难以得到有效的保证。

第二,格劳秀斯的"或引渡或惩罚"思想被认为是普遍性管辖原则的理论渊源。他主张侵犯全人类的罪行是违反自然法的罪行,各国具有制止这种犯罪的普遍义务,而不问执行惩罚的国家是否与该罪行有关。对此,有学者提出"或引渡或惩罚"是世界各国履行这种普遍义务的具体方式。这种普遍性管辖义务由国际刑法公约加以规范,通过国内司法机关转化为国内法规范来执行。这在国际刑法学上称为间接执行模式。由多边国际条约规定国际犯罪,各缔约国负有按其国内刑法对它起诉的义务,或者把犯罪分子引渡给要求对他们起诉的国家,即"或引渡或起诉"。但由于世界各国确定刑事管辖的标准和原则各不相同导致国家间的刑事管辖冲突时常发生,表现为各国积极"争管"的纯正作为形式、都"不管"的纯正不作为形式,或者一国愿意管辖对应他国既不引渡也不起诉的混合形式,不论表现形式如何,最终造成的后果总是"或起诉"被束之高阁。因此,管辖权的确定成为“或起诉”无法绕开的前提,如何确定管辖权超出了“或引渡或起诉”所涉及的范围。

第三,对“或起诉”的诠释,在国内目前的学术著作中可以查到的主要有以下三种:一是移交该国司法当局,由该国司法当局依据国内法自由裁量是否提起诉讼(公诉);二是直接向该国审判机关提起公诉,移交案件,要求追究犯罪分子的刑事责任;三是审判,“或引渡或起诉”就是“或引渡或审判”。仅仅从字面上看,以上三种解释的区别在于处在决定是否提起公诉、已经决定提起公诉、已经交付审判三个前后递进的不同诉讼流程阶段,但一个共同的前提是均要受制于该国的起诉制度。综观世界各国的起诉制度,大致可以概括为两种模式:一种是“起诉法定主义”,检察官对可追诉的犯罪,只要有证据证明存在犯罪事实,应一律起诉,没有自由裁量权;另一种是“起诉便宜主义”,检察官在一定范围内拥有起诉裁量权,对具备起诉要件的某些刑事案件,基于某些方面的考虑,作出不起诉的决定。自由裁量最早出现在古希腊政治学领域,表现为主权者处理事项采取的一种灵活方式。在实行起诉便宜主义的国家,检察官有广泛的自由裁量起诉权。如《日本刑事诉讼法》第 248 条规定,根据犯人的性格、年龄及境遇、犯罪的轻重、情节以及犯罪后的状况,以为没有追究刑事责任之必要时,可以不提起公诉。孟德斯鸠在《论法的精神》中指出:“一切有权力的人都容易滥用权力,这是万古不变的一条经验。”在起诉裁量主义模式下,起诉裁量权先天就患有一种正当性“缺失症”。

从某种意义上讲,“或引渡或起诉”原则基本符合当下国际刑法、国际刑事诉讼法的发展水平。但是,在国际司法合作实践中仍然存在由于受当事国意志、司法制度尤其是起诉制度的影响,造成当事国置国际条约义务于不顾,推出诸多理由不履行国际义务,甚至阻挠起诉和引渡,国家起诉不作为的现象时有耳闻。因此,我们应提倡和坚持国际刑事司法合作,敦促各国履行对国际社会整体的普遍义务,对国际公约规定的国际犯罪、跨国犯罪履行事实上管辖的义务。

二、“或引渡或移管”的具体内涵

(一)国家起诉的不作为

当事国在既不同意引渡又不承担起诉义务时,往往推出相关国际公约以及本国法规定等诸多理由,以此作为托词和依据。因此有必要做深入的剖析。

1. 相关国际公约的模糊性。依据“或引渡或起诉”的宗旨,“起诉”的含义从形式上看应当是向主管司法机关提起诉讼,是将不引渡的被请求引渡人提起公诉,启动审判程序,追究被请求引渡人的刑事责任,实现惩罚犯罪的目的,侧重点在于是否启动了公诉、起诉的程序。对此,一些国际公约的规定却不很明确,正如我国有学者指出,某些国际公约要求缔约国具有将案件提交给其主管当局的义务是确定的,但是缔约国的主管当局是否必须对该案件进行起诉的问题存在着争议。《欧洲引渡公约》第 6 条第 2 款规定:“如果被请求国不引渡其国民,应请求国的请求,该国应将此案提交给其主管机关,以便主管机关认为适当时提起诉讼。”据此,如果被请求国不同意引渡本国国民,则应当提交起诉,目的是“以便主管机关认为适当时提起诉讼”。但它没有给被请求国设定强制起诉的义务,仅仅是要求被请求国向主管当局移交案件。1970 年海牙《制止非法劫持航空器的公约》和 1971 年《蒙特利尔公约》中关于制裁劫持航空器或其他不法行为的条款,实际上也赋予主管机关基于自由裁量权决定起诉是否适当,加上公约没有能够成功地界定“严厉的惩罚”,使一些国家避免了对劫机犯进行严格的惩罚,特别是在这些劫机犯被视为政治难民的时候。即使2003年《联合国反腐败公约》也是如此,其中第44条第11款规定:“如果被指控罪犯被发现在某一缔约国而该国仅以该人为本国国民为理由不就本条所适用的犯罪将其引渡,则该国有义务在寻求引渡的缔约国提出请求时将该案提交本国主管机关以便起诉,而不得有任何不应有的延误。”

2. 起诉裁量权的正当性缺失。一国的起诉程序一般由国内的刑事诉讼法律规定,起诉独立是国内刑事法程序中的一个主要原则,一国司法机关在起诉程序上具有独立性,突出地显现在一国的起诉制度的不同模式上。在起诉法定主义模式下,检察机关没有自由裁量余地,对符合提起公诉要件的案件应毫无例外地移交审判机关;在起诉便宜主义模式下,法律赋予检察机关审查起诉的灵活处分权,对依法既可以提起公诉又可以不提起公诉案件的裁量权。法律允许检察机关在规定的范围内,根据案件的性质、情节、危害后果、行为人的人身危险性等,出于公平、正义的理念或提起公诉,或不提起公诉等。一国检察机关的起诉裁量权是起诉便宜主义的主要内容与具体体现,在一国范围内其正当性与合理性不可置疑。但是,起诉裁量权缺乏自身的正当性标准,如在起诉的裁量过程中渗透着检察官个人的意志,作出的决定属于以国家意志为体现形式的掺杂个人意志的混合意志,检察官的个人意志有时对裁决结果会起到相当大的甚至是决定性的影响,在裁量过程中个人对案件的认识、看法、理解、心证无时无刻不在发挥作用,导致在自由裁量的普遍正当性标准的缺失或不统一、无法统一。这在一国范围内还有可以救济、修正的有效途径和办法。但在国际社会各个国家在审查案件时要受到国家利益、外交关系、司法制度影响，“起诉独立是国内刑法程序中的一个主要原则，所以各国政府通常不接受起诉的义务”。它们不承担起诉的义务既有缔约国国内诉讼程序现实性因素的考虑，又有政治性因素的障碍。韩国有学者认为：“或引渡或起诉”本来的目的在于防止依据缔约国的政治判断来回避对犯罪分子的处罚，但是事实上，由于实行这一条约制度的国内程序不够明确，因此很有可能在决定中掺入政治或外交上的考虑。“或引渡或起诉”赋予的利害关系国或犯罪人所在国设定管辖权的义务在实践中难以实现。这正是“或引渡或移管”可以予以有效解决的问题。

对此，刑事诉讼移管可以顺利地避开或利用一国的起诉制度，而且也是解决国际管辖权冲突的一种很好的途径。从刑事管辖权行使的角度分析，引渡本身是一国行使刑事管辖权的一种方式。如果被请求引渡国对被请求引渡的犯罪人和案件拥有管辖权，该国一旦同意引渡犯罪人，那么该同意引渡的行为本身意味着接受“移管”的请求，就是同意转移刑事管辖权。换言之，引渡的效力包括转移相关案件的刑事管辖权，除非当事国对相关案件作出不侵犯被引渡人人权、违背国际法的约定。因为如果被请求引渡国作出保留对被引渡人的管辖权、再次管辖的权力，则必然侵害被引渡人的合法权益，最轻的后果是置于被引渡人于“双重危险的”境地，这为国际人权法所不容。因此同意引渡则意旨同意移管。假定被请求引渡国采取起诉便宜主义，检察官拥有充分的起诉裁量权，存在对该引渡案件、被请求引渡人有权作出不起诉、不提起公诉等决定的情形，也就是存在依据该国内法可能“合法”地放纵犯罪的情形，“或引渡或起诉”原则就显得无能为力，而这正是“或引渡或移管”的回旋空间。因为在这种情形下，被请求引渡国不同意引渡，依据国内法又无法履行国家起诉的义务，那么该国可以依据普遍性管辖原则取得管辖权，可以将案件移交其他利害关系国，或者接受他国的移管请求，依据国际刑法公约、双边条约取得“代理管辖权”，不再单纯依据国内刑事诉讼法的规定，而在国内结合国际刑法、国际刑事诉讼法的规定，代为进行国际刑事诉讼。因此，刑事诉讼移管可以顺利地避开或利用一国内起诉制度，可以有效解决国家间管辖权的冲突。但是由于“引渡”的概念已经为国际刑法学界众所周知，因此将被请求引渡国拥有管辖权而同意引渡、向请求引渡国移交案件、犯罪人的情形仍然称之为“引渡”，但笔者坚持认为在此情形下，“引渡”即为“移管”。

（二）“或引渡或移管”的提出

面对当今国际犯罪、跨国犯罪日益猖獗的发展趋势，以及“或引渡或起诉”原则在国际司法合作实践中存在以上诸多的缺陷和不足，笔者认为，我们应当寻求新的高效的解决方案和措施。为消除目前存在的当事国既不引渡又不起诉的国家不作为现象，防止纵容犯罪人现象的发生，在国际法的实施缺乏超国家的强有力的监督机制的情形下，反思现存的“或引渡或起诉”原则，重新审视其自身价值并加以修正和改进，促使其适应新的国际犯罪态势，不失为一个可以尝试的途径。笔者在此提出以“或引渡或移管”原则取代“或引渡或起诉”原则，对“或引渡或移管”的价值取向、法理基础等做简要探讨，目的在于谋求惩处国际犯罪、跨国犯罪和保障人权的新理论和新思路。不当之处请学界同人批评指正。

在诠释“或引渡或移管”之前，先对“移管”做一回顾。所谓“移管”，就是移转管辖的简称，在国家间转移、移交刑事案件的管辖权。该管辖与一国之内的管辖、移管不同。一国之内的管辖是指一国内的侦查机关、检察机关、审判机关在受理刑事案件上的分工,司法机关依据各自职能的不同在受理案件上的第一次分工。一国之内的移管是指刑事案件在一国内审判机关系统中,不同区域的或者不同级别的审判机关之间进行转移,定位在案件受理的层面。而国家间移管则大不一样,其一,移管的主体不再是一国之内的司法机关,而是不同的主权国家(尽管以具体的中央司法机关名义出现);其二,国家间移管不仅解决案件受理层面的问题,还包括尤为重要的内容:一国同意移管即表明承认移管接受国据此进行的侦查、起诉、审判和执行等各个诉讼流程的效力,如一国同意将案件移管他国意味着承认他国的刑事判决的效力,还要担负相应司法协助的义务等;其三,国家间移管具有双向性,倘若以某一个主权国家为中心,既包括其向他国移管,转移出去,又包括他国向该国内转移,转移进来。这与一国内移管(转移管辖)的单向性不同。简言之,国家间刑事诉讼移管是指一国在特定情况下,将自己享有管辖权的涉外案件移交他国管辖的一种国际刑事诉讼管辖制度。它不同于主权国家内部各司法机关之间的移转管辖。具有刑事管辖权让渡的彻底性、适用法律的复杂性、国际刑事诉讼的诉讼制度属性。

综上所述,笔者拟将“或引渡或移管”表述为:被请求引渡人所在国按照其与引渡请求国签订的有关引渡条约或者依据互惠原则,应当将被请求引渡人移交给请求国,如果出现被请求引渡人所在国不同意引渡、不能引渡、不便引渡的情形,则应当将该人该案移交给其他国家或者接受其他国家移交该案,以便追究被请求引渡人的刑事责任,恢复被犯罪行为侵害的国际社会秩序。“或引渡或移管”是国际刑事司法合作不断加深的产物,也是国家间刑事诉讼移管快速发展的结果，是对“或引渡或起诉”的延伸和发展，是实现惩处国际犯罪、跨国犯罪和保障人权、诉讼经济原则、恢复性司法的有效途径。

“或引渡或移管”是“或引渡或起诉”的延伸和发展。在规定“或引渡或起诉”的国际条约、双边条约中，几乎随处可见“诉讼移交”“案件移交”的内容。如 1998 年 5 月 7 日生效的《中华人民共和国和白俄罗斯共和国引渡条约》第 5 条规定：“不引渡本国国民的后果，被请求的缔约一方如果根据本条约第 3 条第（一）项拒绝引渡本国国民，在遵守本条约第 2 条规定的情况下，该方应根据请求的缔约一方的请求将该案件提交本国主管机关审理，以便根据被请求的缔约一方的法律对该国民提起刑事诉讼。为此目的，请求的缔约一方应向被请求的缔约一方移交与该案有关的文件和证据。”应当说将案件移交司法当局是“或引渡或起诉”不可分割的组成部分，只要存在被引渡人不被引渡的场合，该原则必然要求被请求国将犯罪人提交本国的司法当局。将案件移交本国司法当局实为“或引渡或起诉”的一种外在表现，“或引渡或起诉”是案件移交的实体法律基础。但是，是否可以说在时间顺序上，存在引渡不能再进行案件移交的递进次序。笔者认为，引渡与“案件移交”之间不应当存在一种适用上的先后顺序，而仅存二者择其一的并列关系。正如格劳秀斯在《战争与和平法》中提道：“由于通常情况下一个国家不会允许另一方的武装力量进入其领土以惩罚罪犯，所以罪犯所在的王国就有必要基于受害方的控诉，或者自己对罪犯进行惩罚，或者将他移交给受害方处置……所以这些例子应被理解为并没有严格要求一个国家或君主必须移交罪犯，而是允许他们选择惩罚或者移交罪犯。”“或引渡或起诉”赋予了被请求国或者将犯罪人引渡给请求国,或者依照本国国内法提交国内有关当局的义务。被请求国如果选择将案件提交国内有关当局,请求国则负有提供相应司法协助的义务,如提供罪犯在请求国犯罪的证据、文件、证人作证、鉴定等,以便利起诉事宜的顺利进行,要么选择同意引渡。当被请求国既不接受引渡请求,又不提请国内有关当局时,国际刑法公约赋予被请求国接受相关国家的引渡请求,或者将案件移交司法当局的义务就难以实现。在这种情形下,国际社会应当考虑设法逐步减少乃至消灭被请求国这种不作为现象的发生,赋予被请求国双向移交案件的权力和选择机会,强化被请求国积极行使管辖权的作为义务,强制敦促被请求国向外移管案件,或接受外国移管实现管辖相关刑事案件,应当说是一种可以尝试的思路,以此促进国际社会密切合作共同合力预防和惩处国际犯罪。这正是“或引渡或移管”原则缘起的初衷和题中之义。

三、“或引渡或移管”的价值意义

(一)惩罚犯罪和保障人权

惩治犯罪与保障人权是刑事诉讼的目的,且两者不可偏废。在国际刑事诉讼中也是如此。刑事诉讼移管在有助于实现预防和惩治国际犯罪、跨国犯罪,维护国际社会共同利益的目标的同时,还有利于发挥人权保障机能,对被告人、被判刑人、被害人的保护,也包括对证人、鉴定人等诉讼参与人人权的保护。就刑事诉讼移管自身而言,它有利于犯罪人的改造和重返社会。当某个犯罪人在他国犯罪后逃回本国,犯罪地国要求犯罪人所属国进行刑事诉讼,一旦犯罪人所属国对其审理判刑后,该犯罪人就可以在本国熟悉的社会制度、文化背景和风俗习惯下服刑。这对犯罪人的改造、教育和管理都有实际意义。不仅犯罪人本人因此而受益,而且其亲友也可以经常去探视,保持家属间的友好感情。这符合人道主义刑罚原则。

(二)诉讼经济

国家间进行刑事诉讼移管有助于实现诉讼经济,尤其对于一些比较轻微的刑事犯罪,避开耗时费力烦琐的引渡程序,通过刑事诉讼移管的国际合作方式,将案件移交给犯罪嫌疑人或被告人所在地国家的司法机关,从而更高效、更节俭地实现刑事追诉、审判的目的,缩短诉讼程序从发生至终结的时间延续过程,即缩短诉讼周期。国家间进行刑事诉讼移管适用"双重犯罪的原则",起到过滤一些可以不进行诉讼移管的刑事案件的作用,从节约国际社会、主权国家诉讼资源的角度,在国家间进行刑事诉讼移管中适用"双重犯罪的原则"有助于实现诉讼节俭原则,可以被视作国际刑事诉讼中的过滤机制(filtering mechanism)。

(三)司法公正

或引渡或移管对维护司法公正具有现实意义。依据《世界人权宣言》的规定,在国际法律上人人平等,人人有权在刑事诉讼程序中受到法律保护,受到公正地审判,不受酷刑、有辱人格或不人道待遇。主权国家在进行刑事诉讼移管过程中可以结成某种特定的权利义务关系,作出切实可行的承诺和保证,被请求国在审理和处罚被告人时至少要顾忌他国的利益、本国的国际信誉、国家形象,被请求国要尊重国际刑事司法基本准则。这对实现人权准则和维护司法公正性是有助益的。或引渡或移管还有利于实现公正司法的国际司法合作。当某一犯罪的主要证据或证人处于某一国境内或者在该国审理案件更有助于伸张正义并取得良好的社会效果时,另一国虽然对于该犯罪也享有司法管辖权,但可以通过刑事诉讼移管的方式减轻自己域外调查取证的负担,并且使案件的事实更易通过在另一国境内开展的刑事诉讼活动加以查清,使在另一国境内进行的刑事审判收到打击犯罪和预防犯罪的更好效果。例如,20 世纪 90 年代中期,在北京到莫斯科的国际列车上和莫斯科发生了一些中国公民针对中国公民的抢劫、强奸犯罪,对此,中国和俄罗斯都拥有刑事司法管辖权,但考虑到由中国司法机关审理此类案件更有利于案件事实的调查以及对有关犯罪行为的打击和震慑,俄罗斯司法机关决定通过刑事诉讼移管将上述案件转交给中国司法机关审理。

结束语:国际刑法学界通常认为,国际刑法包括国际刑事实体法和程序法,是刑事实体法和程序法的统一,这与我国国内学界和立法机关将刑法和刑事诉讼法明确地区分开来截然不同,对此,笔者认为,从国际刑法产生的渊源、时代背景看,国际刑法诞生之初仅仅针对海盗犯罪、战争犯罪、反人类犯罪、侵略罪、种族灭绝罪等,至于在国家间如何进行合作共同惩处以上犯罪行为的具体程序,只有引渡以及随之而生的调查取证、送达诉讼文书等,因此,从国际刑法诞生之始,国际刑事程序法尚未成主流,仅以配角出现,鉴于这样的传统以及国际刑法学界对之加以普遍认可和广泛流传,今天的国际刑法包括国际刑事实体法和程序法也就不足为奇。因此,笔者在此意义上以国际刑法中的“或引渡或移管”原则论为题,但是,笔者需要说明和特别强调的是,国际刑事诉讼法在国际刑事诉讼理论上已经成立,反对的声音渐弱,障碍渐无,尤其是纽伦堡审判、东京审判、南斯拉夫、卢旺达等国际特别军事法庭的运行以及国际刑事法院的审判实践强有力地印证了国际刑事诉讼法的存在,笔者坚信,在不久的将来,国际刑事诉讼法必将会与国际刑法相提并论,成为独立的学科。本文的题目也就应当随之更改为国际刑事诉讼法中的“或引渡或移管”原则论。

【参考文献和注释】

[1][荷]格劳秀斯:《战争与和平法》,何勤华等译,上海人民出版社 2005 年版,第 381 页。

[2]同[1]书,第 320 页。

[3]Michael Plachta,(*Non -*)*Extradition of Nationals*:*A Never ending Story*!, Emory International Law Review, Vol. 13(1999).

[4]林欣:《国际刑法问题研究》,中国人民大学出版社 2000 年版,第 263 页。

[5]同[4]书,第 263 ~264 页。

[6][德]格哈德·韦勒:《国际刑法学原理》,王世洲译,商务印书馆 2009 年版,第 41 页。

[7]同[6]书,第 75 页。

[8]C. Kress, 30 *Israel Year book on Human Rights* (2001), p. 103 at p. 163fn 237.

[9]黄涧秋:《论国际刑法中的"或引渡或起诉"原则》,载《当代法学》2008 年第 1 期。

[10]同[6]书,第 76 页。

[11]黄肇炯:《国际刑法概论》,四川大学出版社 1992 年版,第 44 ~45 页。

[12][法]孟德斯鸠:《论法的精神》(上册),张雁深译,商务印书馆 1961 年版,第 154 页。

[13]唐泰来、王海军:《起诉裁量权正当性研究》,载《河北法学》2009 年第 7 期。

[14]张旭:《国际刑法——现状与展望》,清华大学出版社 2005 年版,第 16 页。

[15]同[9]书,第 29 页。

[16]Paul Stephen Dempsey, *Aviation Security*: *The Role of Law in the War*

Against Terrorism, Columbia Journal of Transnational Law, Vol. 41 (2003).

[17]联合国国际法委员会:《联合国国际法委员会第五十八届会议报告》。

[18]同[13]书,第 182 ~ 185 页。

[19]同[17]。

[20][韩]李万熙:《引渡与国际法》,马相哲译,法律出版社 2002 年版,第 135 页。

[21]同[20]书,第 135 页。

[22]郇习顶:《国家间刑事诉讼移管基础探讨》,载《江苏警官学院学报》2011 年第 3 期。

[23]同[22]书,第 29 ~ 30 页。

[24]赵秉志:《国际区际刑法问题探索》,法律出版社 2003 年版,第 360 页。

[25]同[1]。

[26]顾培东:《社会冲突与诉讼机制》,四川人民出版社 1991 年版,第 110 页。

[27]赵永琛:《国际刑法与司法协助》,法律出版社 1994 年版,第 276 页。

[28]黄风:《国际刑事司法合作的规则与实践》,北京大学出版社 2008 年版,第 182 页。

论国际刑事司法协助与我国区际刑事司法协助的异同*

【内容摘要】本文认为国际刑事司法协助与我国区际刑事司法协助是紧密相连的两个概念，二者都是司法机关跨越一定空间进行司法合作的特定方式，具有打击和防范犯罪的一致性。但是，二者的适用主体、理论基础、适用的法律以及解决争端的方式又存在差异。

【关键词】国际　区际　刑事　司法协助

我国在法律形态上出现“一个国家、两种制度、三个法律体系、四个法律区域（或称法域）”并存的局面，我国实行“一国两制”，加上四法域人们道德观念和价值取向的不同，还有法律制度本身存在很大的差异，在处理跨法域犯罪的问题上必然出现法律联系和司法合作的问题。当今，我国区际刑事司法协助越来越受到学术界和实务界的重视。由于传统的观念认为“司法协助”是国际法特有的概念，它体现的是国与国之间关系，有人认为我国区际刑事司法协助就是国际刑事司法协助的翻版或称之为准

---

* 原载于《法学杂志》2000 年 8 月 15 日（增刊）。

国际刑事司法协助,学术界存在一定的分歧。本文拟就对两者的异同作对比研究,以求认识上的统一。

一、国际刑事司法协助与我国区际刑事司法协助的相同点

国际刑事司法协助是指国与国之间的在刑事事务方面通过代为一定的司法行为而互相给予支持、便利、援助的一种司法活动。[1]我国区际刑事司法协助是指我国内地的司法机关与香港特区、澳门特区、台湾地区的司法机关依据订立的协议,在刑事事务方面互相提供帮助和合作。从概念上分析,两者之间的相同之处主要表现在以下几个方面。

1. 两者都是司法合作的特定方式。这种特定的司法合作方式有两层含义。第一层是指两个或两个以上国家或地区的司法机关在司法领域里进行的合作;它不同于司法机关在立法领域和行政机关在行政事务方面进行的合作,也不同于司法机关在有关经济、文化、科技、教育等非法律事务方面进行的合作,脱离了法律框架,司法合作就无从谈起。第二层是指这种合作仅限于刑事事务领域,[1]不同于处理民事、商事事务的活动。就合作的内容而言,国际刑事司法协助与我国区际刑事司法协助都包括诉讼文书送达、调查取证、引渡、移交罪犯、被判刑人的移送、刑事诉讼移管、已决犯移管、刑事判决的承认与执行等。而上述司法行为必然涉及两个或两个以上国家或地区不同的社会制度、法律制度、司法制度、意识形态,因此,要想顺利地完成司法协助的任务,主要是通过一方司法机关给予另一方司法机关支持、便利、援助的方式,在协助过程中,双方都要遵循一定的规则、准则,通力合作,才能使双方都受益。这样,在长期合作过程中形成了一整套能被国际社会接受的有关司法协助的惯例、规则,如刑事司法协助的

请求、审查、拒绝、受理、执行和终止等方面的细则。[1]这些规则绝大多数被列入国际条约、国际公约中,成为人类共同的精神财富。在这一点上,我们说在处理我国区际刑事司法协助的事务时,可以而且应当借鉴国际刑事司法协助过程中形成的能被四法域都接受的做法,做到“取其精华”“洋为中用”。

2. 两者都是司法机关跨越一定空间进行司法合作的方式。进行国际刑事司法协助和区际刑事司法协助的主体主要是司法机关,[2]包括司法部、检察机关、审判机关或警察机关,具体称谓,因国而异。如前所述,刑事司法协助是在刑事事务领域里进行的,与一个国家、一个地区的国民或公民的人身权利、财产权利甚至生命权利密切相关。就国际刑事司法协助而言,一国的司法机关在处理涉外刑事案件时,常常面临本国的司法行为在外国的效力问题或外国的司法行为在本国的效力问题。众所周知,一个主权国家享有独立的司法权。在本国的领土范围内享有绝对的属地管辖权,绝对排斥他国司法机关或其代表在本国领土范围内实施司法行为。在这种情况下,不同国家或地区的司法机关从保护本国利益的角度出发,根据打击跨国、跨地区犯罪的需要,按照互惠关系或签订的条约相互提供帮助和便利,从而达成司法合作上的默契。同样道理,在我国内部,内地(或称大陆)实行社会主义制度,港澳台特别行政区实行资本主义制度,并且享有立法权、行政权、司法权。四法域分别实行各自的法律制度和司法制度。因此,四法域在处理互涉刑事案件时,也需要使本法域的司法权产生一定法域外效力,同样需要司法机关达成合作上的默契。所以说,一国内不同法域司法机关之间的司法协助固然是不同地区之间的司法协助,从更广泛的意义讲,国与国之间的司法协助,也属于不同地区之间的司法协助的范畴,因为二者都跨越了一定的空间,只不过是后者加了“国家”两字而已,二者之间具有相似或相通之处。具言之,在国际刑事司法协助过程中,由于一国司法行为跨越本国领土即跨越空间产生法律效力。因而,请求国尊重被请求国的社会制度、经济制度、法律制度、司法制度、民风民俗是必然的。否则,被请求国不会提供便利和帮助。这个原理同样适用于我国内部的区际刑事司法协助,港澳台长期受种种因素制约,在许多方面与内地存在很大差异,这是不以人的意志而转移的客观事实。正视这种差异,会有助于处理四法域之间司法协助的问题,忽视或避开这种差异,必将阻碍这一事业的发展。

3. 两者具有打击和防范跨越一定区域犯罪的一致性。当今时代,由于科技的迅猛发展,交通工具、通信技术的现代化,不同国家、不同地区以及一国内部不同地区或不同法域之间政治、经济、贸易、科技、文化交流日益频繁,国际、区际交往日益扩大。与此同时,跨国犯罪、跨区域犯罪也接踵而至。特别是毒品犯罪、恐怖主义犯罪、黑社会组织犯罪等严重危及人类的安宁。面对强大的犯罪攻势,不同国家或地区的司法机关联起了手,共同惩处和防范跨越一定区域的犯罪,它们在交换犯罪组织情报、缉捕移交罪犯、案件管辖转移等方面进行广泛的合作,形成了反犯罪的“大合璧”,因此,国际刑事司法协助与我国区际刑事司法协助具有打击和防范跨区域犯罪的一致性。

二、国际刑事司法协助与我国区际刑事司法协助的不同点

国际刑事司法协助与我国区际刑事司法协助尽管有相同点,但是两者之间的不同之处是显而易见的,下面从四个方面论述它们的不同点。

1. 两者的适用主体不同。国际刑事司法协助的主体是主权

国家,体现主权国家绝对独立的司法权,这是国家主权的应有之义,我国区际刑事司法协助的主体是我国内地(大陆)、香港特区、澳门特区、台湾地区四个法律区域,体现四个法律区域相对独立的司法权,它建立在国家统一的前提下,不具有主权性,因为国家主权是国家最高权力的集中体现,对外表现为独立权、自保权;对内表现为统治权。在对外关系上,只有国家才能代表中国,国家的外交权、司法协助权只属于国家。

和世界上其他复合法域国家(如美国、澳大利亚、加拿大等)一样,我国的区际刑事司法协助属于一国的内政问题。任何国家无权干涉。各法域的司法机关应当以维护国家的主权独立和领土完整,维护国家统一为最高宗旨,不允许发生任何违背这一精神的司法行为。对此,有的学者提出我国区际刑事司法协助应当遵循"一国两制"原则[3]或"国家主权"原则[4]这肯定是必要的。事实上,正确认识和坚持"一国"原则,有助于科学分析国际刑事司法协助过程中形成的某些规则,如政治犯、军事犯、死刑犯、财税犯罪不引渡、财产不引渡,以及拒绝遣送移交罪犯的条件等(这些规则,不适用于我国区际刑事司法协助)。在司法协助的内容上,就可以突破国际刑事司法协助中的禁区,积极消除不必要的司法障碍,实行广泛的司法协助即广义的司法协助,包括狭义的司法协助(诉讼文书送达、调查取证等)、遣送罪犯、承认和执行他法域的刑事判决和转移诉讼。在司法协助的模式上,只要几个法域之间有合作需要,就可以通过协商解决,实现灵活、简便、快捷的司法合作。

2. 两者的理论基础不同。国际刑事司法协助乃不同主权国家之间的司法协助,它建立在国家之间正常交往的基础上,实际上是国家之间相互委托代为履行的司法行为,它产生于国际社会,具有国际性,因此,一国在与他国进行刑事司法协助时,必然首先考虑维护本国国家利益的需要,体现出很大的自愿性、互惠性。根据西方国家理论,国家的权力源于人民的让渡,国家负有保护其国民的义务。我国区际刑事司法协助为我国领土范围内不同法域之间的合作,无国际性可言。根据《宪法》的规定,香港、澳门是我国的特别行政区(我国仍然是单一制国家),宪法和两部基本法均规定了特区可以享有高度的自治权,从法律地位意义上看,内地(大陆)和港澳台具有平等性、平行性,互不隶属,“各法域要在平等基础上开展刑事司法联系和互助合作”,[5]基本法规定,香港、澳门特区“可与全国其他地区的司法机关通过协商依法进行司法方面的联系和相互提供帮助”。[6]这表明港澳特区拥有与全国其他各省、直辖市、自治区进行司法协助的权力,同时也为特区与内地通过协商处理刑事司法协助事宜提供了法律依据。但是,内地与特区进行区际刑事司法协助是否也要遵循“互惠原则”呢?持肯定观点的学者认为“协助应当是互惠的,不能出现一方给予另一方协助,另一方却不给对方协助的现象,也不能出现一方要求另一方提供全面协助,自己却给另一方提供部分司法协助的现象”[7]。这个观点一般来说是正确的,也是应当遵循的。但是,又必须指出:它和国与国之间所遵循的“互惠原则”不能等同。特区毕竟是一国之内的特区,特区的利益必须服从国家的利益,任何一个法域都不允许为了本法域的局部利益而造成对国家整体利益的损害。也就是说,任何一个法域都不能借口某行为不违反本法域法律,抛开国家整体利益,以所谓违背“互惠原则”而拒绝提供司法协助。这一点必须坚持。

3. 两者适用的法律不同。国际刑事司法协助的当事国主要适用国际法,或者说国际法与国内法并用,同时遵循约定俗成的国际惯例,我国区际刑事司法协助必须而且只能适用国内法,绝对杜绝适用国际法。因为国际法侧重调整国际性质的法律关系,国内法侧重调整国内意义上的法律关系。一个主权国家的国内法首要的任务就是维护国家的主权,国家的统一。我国也不例外,我们应当坚决摒弃那些与国家主权相违背的国际惯例或国际条约,不能照搬外国的区际刑事司法协助的模式,不应当借用国际法来开展四法域间的司法合作,更不允许有人借用国际条例来干涉我国的内政。正确的做法应当是,对国际社会形成的国际惯例或规则批判地加以借鉴、吸收,如"双重犯罪"原则、"公序良俗"原则,就要严格限制其适用范围。

4.两者解决争端的方式不同。不同的主权国家常常实行不同的法律制度和司法制度,其现行政策与意识形态也有差异。虽然有的当事国也缔结或加入了某些国际条约,但是尚未建立外交关系的情况也存在,加上对某些行为的看法不一致,很多主观和客观因素都会使司法协助无法直接进行。因此,国际刑事司法协助往往需要国际组织的介入,争端的解决必然需要国际组织或国家外交机关居中协调。我国区际刑事司法协助在四法域之间进行,不需要也不允许外国或国际组织介入,无须外交机关涉入。香港、澳门顺利回归后,全国只有一个统一的立法机关,一部宪法,一个中央政府。四法域之间的司法协助是国内地区性事务,各法域的司法机关可以直接进行协商合作,不允许国际组织来协调一个主权国家的内部事务,在解决四法域相互之间争端的方式上,学术界通行的观点认为,必须在"一国两制"方针的指导下,从我国的实际情况出发,采取协商的方式。这与任何国家间的刑事司法协助迥然不同。

【参考文献】

[1]赵永琛:《国际刑法与司法协助》,法律出版社 1994 年版。

[2]谢望原:《台港澳刑法与大陆刑法比较研究》,中国人民公安大学出版社 1998 年版。

[3]刘小巧、潘玉臣:《论中国区级司法协助的框架》,载《政法论丛》1999 年第 4 期。

[4]张建:《论我国内地与港澳特区区际刑事司法协助的基本原则》,载《法学家》1999 年第 5 期。

[5]陈正云:《中国刑事法律冲突论》,中国法制出版社 1997 年版。

[6]《中国香港特别行政区基本法》第 95 条。

[7]单长宗:《中国内地与澳门司法协助纵横谈》,人民法院出版社 1999 年版。

构建刑事被害人救助制度基本问题实证研究*

刑事被害人救助制度[1]是指国家对一定范围内因受犯罪侵害无法通过犯罪赔偿、保险理赔等途径获得充分赔偿的被害人及其受养人，通过特定程序给予弥补和救济的制度。这项制度在国际上由来已久，而且已经充分发挥了抚慰被害人、稳定社会、恢复法秩序的功能。在我国，学术界很早即进行全面、深入的研究，并有很多学者提出了不同的设想，但目前尚未进入法治化领域。据资料反映，国内有些地区正在试行该救助制度，受到社会各界的关注，积累了一定的经验。但存在的问题也很明显，如救助对象、标准、范围、条件不统一，救助机构、救助程序多样，可以说在实践中比较混乱。江苏省南京市中级人民法院根据南京市经济社会发展现状、治安状况和刑事被害人生活、医疗困难的实际，为辅助刑事被害人及其近亲属、遗属早日摆脱生活、医疗困境，更好地维护社会稳定，促进社会和谐，制定了《刑事被害人救助制度实施细则》，全面启动刑事被害人救助工作，对切实保障被害人人权，化解社会矛盾，解决被犯罪侵害赔偿不到位引发的信访缠访问

---

* 原载于《审判研究(外刊)》2007 年第 6 期。

题,不断提升刑事审判水平将具有重大的意义。以下就若干疑难、热点问题做实证探究。

一、救助的原则

刑事被害人救助原则是指贯穿于刑事被害人救助工作始终,必须普遍遵循的具有全局性、指导性的准则。对某一阶段救助工作、救助工作的某一方面具有指导价值,例如,有学者提出的损害与救助相适应原则、人道主义原则、实事求是原则、货币补偿原则、有条件补偿原则等[2],笔者持不同意见,认为救助原则主要有以下四种。

1. 及时救助原则。迟来的正义即非正义。为此,救助机构应快速、高效地施救,在被害人急需救助的关键时刻切实减轻、消除被害人的痛楚,使其尽早恢复到被侵害前的状态。正如常言所说困难救济贵在于救急。对于那些符合救助条件、急需救助的被害人,即使案件尚未侦破、犯罪人尚未归案、尚未确定,仍应当考虑先行支付救助金。

2. 赔偿为主,救助为辅原则。刑事被害人困难救助属于国家救济、国家补偿性质。一般情况下,只有当被害人通过刑事附带民事诉讼途径、保险理赔或者其他途径不能获得充分赔偿时,国家才启动救助机制,且实行先申请后救助规则,国家不主动救助。在操作层面,先尽可能让加害人承担民事责任,让加害人竭力赔偿,如果被害人能够从加害人处、保险机构或其他方面获得足额赔偿,国家则不再予以救助;如果被害人获得的赔偿不足,国家补偿急需救助的差额部分。当然国家对被害人救助后即取得对加害人及其他赔偿义务人的追偿权。

3. 不重复救助原则。鉴于目前南京市社会经济的发展现况,一个救助对象遭受一次侵害以后，一般只能申请救助一次，救助机构对申请人再次提出的救助申请，可以通过其他方式和途径，例如，与民政部门、能够提供工作岗位的相关单位、申请人当地居民委员会等单位协调，另外寻求解决问题的办法。

4. 公开、公平原则。具体要求救助的标准、方式、程序要公开、公平；救助机构开展的审查、调查工作要公开；决定是否补偿，以及补偿数额的依据要公开、公平，接受全社会的监督。

二、救助的对象

确定救助的对象是开展刑事被害人救助工作的首要问题，划定恰当的救助对象并予以救助，是立法者孜孜以求的价值目标之一，也是任何形式被害人救助制度试行者必须首先解决的问题。关于救助的对象，日本、韩国、英国、德国等国家补偿法均规定被害人遭受犯罪侵害以后，被害人本人或其遗嘱继承人可以申请国家补偿；英国和美国一些州规定，凡事实上全部或部分依靠死亡被害人生活的人也可以申请补偿。[3] 国内有学者提出可以依照《继承法》中法定继承人的范围来确定救助的对象，且依赖被害人生前扶养的遗属先于他人进行补偿。[4] 笔者认为，救助对象范围的确定由国家或地区的经济实力直接决定，救助对象的范围应与国家或地区的经济基础相适应。如果范围过大，超出经济基础的承受能力，救助工作难免会变成空中楼阁；范围过小，则不能充分体现救助制度的优越性。鉴于南京地区的社会经济发展现状，并借鉴国际上相关国家的有选择确定救助对象的先例，南京地区也遵循有选择救助规则，不实行原则救助，对救助对象予以限制，被害人作为救助对象自不待言，对被害人以外的救助对象，视情况分析其与被害人是否具有法定的扶养义务，事实上是否依靠或完全依靠被害人,如果被害人的遗嘱继承人以及其他被害人具有法定扶养义务的受养人,事实上不是依赖被害人生活,目前不列入救助对象的范围。需要强调的是依赖被害人生活的未成年人和丧失或部分劳动能力又没有其他生活来源的老人是救助的重点对象。

关于是否救助外国籍刑事被害人,国际上多数国家持否定态度,如荷兰《暴力犯罪补偿基金会临时设置法》规定补偿对象只限于受重伤的荷兰人。法国《刑事诉讼法》[5]规定刑事被害补偿的申请人必须具备法国国籍或欧洲共同体联盟国家的国籍或在法国已经获得了合法居住权。德国《暴力犯罪被害人补偿法》规定,原则上以该外国人所属的国家与德国签订的互惠条约而论。在我国,学术界对救助中国籍刑事被害人未见不同意见,有学者主张对外国籍刑事被害人适用对等原则。[6]对此笔者持赞同态度。关于对无国籍刑事被害人是否予以救助,国内外均少有论及。笔者主张,我国对无国籍被害人可以考虑给予其国民待遇。因为如果在我国境内的无国籍人受到犯罪行为的严重侵害,生活、医疗陷入困境,我国政府再将其排除在救助范围之外,则该无国籍人无疑成为最需帮助的对象,容易成为影响社会稳定的不和谐因素。但鉴于这是特例,可以不作出明确规定。这是站在国家的高度、从最高层面来分析。落实到南京地区地方层面,是否要求刑事被害人必须具有南京市户籍?笔者认为,作为一般情形,刑事被害人首先要具有南京市户籍,因为南京市人民政府首先要对南京市市民履行保护和救助义务,具有维护南京地方平安的职责,对发生在南京地区范围内所有南京籍被害人应承担地方政府责任(相对于国家责任)。然而,如果南京市人民政府对非南京籍刑事被害人无偿提供救助,无疑可以表明南京市人民政府首肯非南京籍刑事被害人在南京所做的工作、所作的贡献，可以彰显南京市人民政府的博爱胸怀和坚决维护南京地方平安的决心和信心。因此南京地区试行：救助对象不受南京市户籍的限制。

关于是否救助见义勇为者、证人，美国《犯罪人被害人法》持肯定态度。英国和日本则持不同立法例，只强调救助被害人及其家属。如英国《刑事损害赔偿法》规定被害人因遭受犯罪而死亡的，被害人的家属是补偿的对象；日本《犯罪给付金支付法》规定犯罪给付金的对象为“遭受犯罪的被害者或在被害者死亡情况下，被害人的法定遗嘱继承人”。我国有学者主张对见义勇为者和人身受到侵害的证人，[7]均应予以救助。笔者认为，受到伤害的见义勇为者不同于刑事被害人，见义勇为者系出于强烈的正义感，主动制止危害行为而受到非法侵害。对这样的大义之举，全社会都在推崇，国务院和很多地方政府都制定了一系列的奖励措施，对见义勇为者予以重奖，其社会认同度绝非刑事被害救助所能达到，如果将见义勇为者列入救助范畴，不仅大大降低了社会褒奖的层次，降低了补偿标准，还会带来不应有的负面影响。至于证人因为作证而受到人身侵害的案例，笔者认为，如果符合国家救助的条件，完全可以单独作为一个救助案件申请救助，没有必要依附于上述救助案件。

三、救助的条件

救助条件的设定[8]是实行刑事被害人救助制度的关键，直接关系到哪些被害人及其近亲属、受养人能够获得国家补偿。关于是否要求救助对象必须处于特别困难的境地才予以救助。国际上，有很多国家持肯定态度，要求以救助对象因受到犯罪侵害生活陷入严重困境为救助条件。如荷兰《犯罪被害人补偿法》规定:被害人本人或者其近亲属的经济能力能够承受该损失时,不予救助,即采信“保护生活理论”。[9]国内有学者对此持有异议,认为如果将陷入经济困难作为补偿的条件则会改变国家救助的性质,使国家救助变成对被害人的施舍,而非对被害人的责任。[10]笔者赞同荷兰的先例,综观目前国外的法律规定及国内学者提出的议案,救助条件的设定主要依据国家的财力状况,如韩国和美国的某些州规定了申请救助的被害人或遗属须为因得不到赔偿而陷入经济困难的条件,在很大程度上是考虑到国家的财政负担。这是经济基础决定上层建筑的必然要求。但笔者主张设定救助条件同时还要兼顾被害人及其受养人的生活需求,虽然不能无限要求国家赔偿完全弥补被害人的损失,但要求国家补偿尽可能地接近被害人受到的犯罪损害,这是国家实行被害人救助制度的最高目标使然。如何实现既依据国家财力,又结合被害人及其受养人的需求合理设定救助条件,笔者认为有一个不断发展和完善的过程。就我国目前的社会经济状况而言,将国家救助的目标定位在维护被害人的正常生活、保护其生存权,符合我国的国情。待国力不断强大后,将逐步放宽乃至舍弃这样的救助条件,实行原则救助这是历史发展的必然趋势。如法国 1977 年 1 月 3 日的《刑事诉讼法》仅承认在因犯罪受到“身体伤害”的情况下才允许向国家提出赔偿申请,[11]还要求受到的损失给受害人的生活条件造成了严重的扰乱。随着法国经济的快速发展,1990 年 7 月 6 日的法律则取消了这一要求,规定任何受害人,不论其收入状况如何均享有请求补偿的权利。

关于是否要求被害人履行一定的义务,国外有一些国家要求救助对象必须配合司法机关侦查案件,鼓励被害人主动报案,并与司法机关合作。如美国加州规定:被害人对追诉犯罪没有与司法机关合作的不予补偿。英国《刑事损害赔偿法》规定:未报案;未协助追诉犯罪;未提供刑事赔偿局有关案件的资料,或未提供必要的协助的,不予补偿。国内也有学者提出类似主张。笔者认为,美国加州和英国的做法值得借鉴。当被害发生以后,国家司法机关首先应当积极侦破案件、查获、惩罚犯罪人,但由于被害人往往与犯罪人直接接触,受到犯罪行为的直接侵害,对犯罪人及犯罪事实、犯罪细节有切身感受,由其协助司法机关,必将有利于及时侦破案件、查获犯罪人。相反,如果被害人有条件报案而不及时报案,能够与司法机关合作而不合作,有条件提供而拒不提供证据,则会导致丧失破案的最佳时机,使犯罪分子逍遥法外,继续危害社会。因此,笔者主张要求被害人履行一定的力所能及的义务,例如,及时报案、配合司法机关提供一些证据或线索,敦促被害人及时协助司法机关破案、抓获犯罪人、及时收集、保全证据,保证刑事诉讼顺利进行。对没有履行上述义务的,在是否救助以及救助的数额上有所体现。当然,应考虑被害人具有正当理由的特殊情形。

关于是否要求被害人对被害事实的发生没有过错或不承担责任,国外一些国家要求被害人对被害事实的发生没有责任,如果被害人对自己被害事实的负有责任,则不能获得补偿,如英国、[12]韩国[13]和德国[14]。而国内有学者主张应当允许被害人对被害事实的发生存在过错。笔者认为,考量被害人对被害事实的发生是否有过错,是否承担责任,不单纯是救助条件的确定问题,深层次的缘由在于国家弘扬、褒奖何种行为的价值取向。国家全额补偿无辜者的合法权益,表明国家对善良的、符合公序良俗行为的首肯,并保障其不受非法侵害,表现在刑事救助案件中,国家优先全额补偿无辜被害人,被害人有较小过错的部分救助、有较大过错的、承担较大责任的不予救助。笔者认为,对有较小过错、承担较小责任的被害人部分救助、有较大过错的、承担较大责任的不予救助。一方面,要求刑事被害人对被害的发生完全没有一点过错、完全无辜,要求太高,不近情理,被害和侵害双方必然失去均衡,脱离客观实际。事实上,被害人对被害的发生负有较小责任主观上存有较小过错、加害人承担的较大、重大责任、较大过错的案件占一定比例。当然国家在救助时应区别对待。另一方面,国家向完全无辜、无过错的被害人实行全额救助;有较小过错的部分救助、有较大过错的不救助,无异于向社会宣示了一个公理:善有善报,恶有恶报;小善小报,大善大报。

关于被害人遭受人身伤害的程度,国际上有的国家规定被害人必须是受到重伤害或死亡才能救助,如日本、[15]韩国[16]等。而英国、德国和法国对被害人的伤情则没有重伤的限制,如法国《刑事诉讼法》规定任何犯罪行为致使被害人死亡或者重伤害,无论其经济上是否困难或生活条件是否恶劣,均予以补偿。对此,笔者赞同日本、韩国和我国台湾地区的做法,主张以被害人的人身受到重伤害、丧失或者部分丧失劳动能力或出现死亡后果为限。理由之一是国家的经济实力直接决定救助对象的范围;理由之二在于这样的一个假定:受到轻伤害的被害人由于伤情较轻,自救能力较受到重伤或死亡的被害人为强,尚不属于国家必须施救的情形。

四、救助的范围

划定适当的救助范围是实行刑事被害人救助制度的核心问

题,直接关系到被害人的何种合法权益受到何种犯罪侵害才归入救助的范畴。毋庸置疑,刑事被害人的人身权利和财产权利均有可能遭受犯罪行为的严重侵害,被害人既遭受物质损失又遭到精神损害的情形屡见不鲜。救助的范围是包括物质损失还是精神损害抑或两者兼具?国际上,有的国家将刑事被害人遭受的物质损失纳入救助范围,多数国家则将物质损失排除在外。国内有学者主张将因物质损失导致生活陷入困境的被害人归入救助范围。也有学者持有异议,认为相比较而言,物质损失对被害人造成的伤害相对要轻,物质损失的恢复没有人身伤害那么迫切,待国家实力充分强大以后,条件成熟了,应考虑将被害人的物质损失纳入国家补偿范围之内。[17]笔者认为,依据国家补偿的国家责任说和社会福利说,在应然意义上被害人遭受物质损失理应获得国家补偿,被害人遭受物质损失必然会导致被害人的生活水平急剧下降,甚至陷入困难境地,但在实然意义上,结合国家政府的财力、客观实际承受能力,将物质损失排除在国家救助的范围之外,更符合我国目前的客观实际。

至于精神损害,国内有学者主张应当考虑予以救助;也有学者认为,我国目前国家赔偿法以及相关司法解释均没有将精神损害纳入国家赔偿的范围,如果将精神损害归入救助范围,则国家不负违法责任的救助范围就宽于国家承担违法责任的赔偿范围,这样显失平衡,主张不应将精神损害归入救助范围。笔者认为,国家救助刑事被害人的宗旨在于资助困难群众、帮助弱势群体摆脱生活困境,使其过上一般人的社会大众的生活。被害人在受到犯罪侵害以后,无论物质方面还是精神方面均会很快陷入困境,对其给以物质救助,无疑是雪中送炭,能够在一定程度上解决燃眉之急,起到抚慰的作用。但是被害人精神方面的创伤、心灵上的痛楚是深层的，最低的生活保障很难帮助被害人走出精神上的阴影，特别是受到性侵害的被害人，从我国目前的经济实力出发，对所有刑事被害人均考虑给予精神损害补偿，显然脱离我国的经济实力；反之，对所有被害人均不给予精神损害抚慰，则忽略了最需精神抚慰的群体，如受到性侵的被害人特别是女性被害人的合法权益。女性精神上的痛楚可想而知，国家对其适当抚慰，给予关心，符合情理，合乎法理。笔者主张救助的数额不宜过低，以被害人自己和当地民众均感受到党和政府的关爱为理想目标，绝对禁止让被害人产生耻辱感。

关于致害犯罪行为的性质和种类，国际上有两种立法模式[18]：(1)所有类型犯罪的被害人都是补偿的对象。如加拿大、[19]法国[20]等少数几个国家。(2)只有暴力犯罪的被害人才能成为补偿的对象。国外大多数国家都将补偿的犯罪类型限制在暴力犯罪，如英国、[21]荷兰[22]等。在犯罪的主观方面，德国《被害人补偿法》规定对交通肇事等过失犯罪不列入补偿犯罪；而日本、法国、美国和我国台湾地区将过失犯罪造成的人身损害列入补偿之列。国内学术界也有不同意见：有学者主张应当救助过失犯罪的被害人，也有学者持反对意见。笔者认为，暴力犯罪与非暴力犯罪是学理上以犯罪手段为标准对犯罪做出的分类，故意犯罪与过失犯罪是从犯罪人主观罪过角度做出的分类，一般而言，暴力犯罪行为人的主观罪过都是故意心态，但过失犯罪中也不乏行为人采取暴力手段的案例，在这里笔者关注的不是暴力犯罪和故意犯罪、过失犯罪的界限和区别，而是关注犯罪结果的严重程度，带来的社会危害，是否必须予以国家救助。多数情形是暴力犯罪往往会造成更严重的犯罪后果，带来更多的社会问题，然而过失犯罪特别是重大责任事故犯罪、交通肇事犯罪带来的社会隐患并不比故意犯罪造成的社会问题小。因此,笔者主张过失犯罪的被害人理应在救助之列。但在立法体例上可以以暴力犯罪为一般情形,以过失犯罪为特例。

五、救助金额的确定

确定救助金的数额,首先要拟定救助的标准,在既定救助标准的前提下考虑救助金的具体数额。关于救助的标准,有学者提出应弥补被害人遭受的实际损失,也有学者提出,以救助能解决被害人生活之迫切需要为条件,[23]以维持被害人最低生活保障为标准。笔者赞同后者的观点。目前,我国建立刑事被害人国家救助制度的近期目标在于维持困难被害人的正常生活,使被害人能够维持生计,尽可能不低于一般生活水平。即使犯罪行为给被害人造成巨大的物质损失,只要被害人能够维持生计,国家则不予救助;被害人生活陷入困境的国家救助的标准也只能以维持被害人正常生活为限。且由于经济水平的限制,只能是限额救助,即规定最高限额。

关于救助的具体项目,我国香港地区《被害人宪章》规定:犯罪被害人补偿金包括丧葬给付金、死亡给付金、残疾给付金、伤害给付金、扶养给付金等。韩国《犯罪被害者救济法》第 9 条规定:救助金包括遗族救助金和残疾救助金两部分。英国采取定额制,依被害人伤亡之程度分级,例如,被害伤害可依被害的轻重程度分 25 级,第 1 级为 1000 英镑,第 25 级为 25 英镑。我国台湾地区对被害人补偿的最高额作出了规定。[24]综上可见,国外诸国和我国台湾地区、香港特区救助的项目一般包括医疗费、丧葬费、死者家属的抚养费和解决被害人及家属的生活费用。国内有学者主张参照《国家赔偿法》有关赔偿被害人损失的方法,分支出项目确定救助数额。[25]笔者认为,任何犯罪行为造成被害人重伤或死亡的后果必然涉及医疗费、生活费、扶助费、丧葬费等项目,是全部项目救助还是部分项目选择救助,由国家或当地的经济实力决定。从被害人实际支出的项目、犯罪行为给被害人造成的物质损失看,救助机构在施救过程中,依据各个项目确定救助数额,正是被害人求之不得,梦寐以求的。但从政府的财力角度看,似乎不堪重负。因此笔者主张不分支出项目,结合被害人受到的实际损失、家庭的承受能力、受扶养人的实际状况等因素合理裁定救助金额,在规定最低限额的同时规定最高限额。这在某种程度上可以说是不得已的办法。对实际损失超过最高限额的,可以按比例折算,也可以采取由救助机构根据案情自由裁量救助的数额。对性犯罪被害人的精神抚慰可以定额救助。

关于救助的方式,国外多数国家采用一次性现金支付方法。国内有学者主张,可以赋予被害人以选择权,即一般以现金支付为原则,如果被害人同意,也可以采用实物支付方式。笔者认为,救助被害人主要是为了帮助被害人摆脱困境使其过上正常人的一般生活,决定支付方式的唯一的也是最重要因素就是被害人的需要,鉴于我国目前物质财富的不断丰富,救助机构没有必要额外增加工作负担去为被害人选购实物,被害人对自己最需要什么他们最清楚、最明白,为避免出现好心办坏事或腐败现象的发生,应当采取一次性现金救助为原则。当被救助人系未成年人时,可以将救助金交由其监护人、法定代理人托管,分期支付。

关于确定救助金具体数额应当参考的因素,笔者赞同国外的惯常做法和国内学界的建议及试点地区的做法,一般应当考虑以下因素:(1)被害人被害性质、受损程度和自救能力;(2)被害人在被害过程中有无过错及过错程度;(3)被害人是否通过其他程序得到赔偿及获赔数额;(4)被害人已获得或将要获得其他赔偿或补助的情况。

六、救助的基金

关于救助基金的来源问题,国外大多数国家均从多种渠道筹集基金,如政府税收、犯罪人的罚金、监所作业金或没入的保释金、社会捐助等。国内数名学者也都提出应当开辟多渠道的资金来源,包括:(1)国家税收的一部分;(2)依裁判对犯罪人收取的罚金的一部分;(3)依裁判没收个人财产的一部分;(4)监狱服刑者劳动收入的一部分;(5)已经没收但无法返还被害人的赃款赃物;(6)社会捐助;等等。笔者赞同国外的做法和国内学界的观点,主张多渠道多层次筹集救助基金,例如,南京市财政预算,这是最主要的来源;公、检、法的罚没款及犯罪人的财产;犯罪人劳改期间的劳动收益;社会捐助等。救助金支付以后,救助机构即相应取得对有关赔偿义务人的代位求偿权,通过对赔偿义务人的代位求偿补充救助资金。救助基金的管理实行决定机构与支付机构相分离的体制,以保证救助基金的正常运作。

七、救助的机构

从国外设置的救助机构来看,可谓多种多样。有的国家设在法院,如法国将补偿委员会设在地方法院;有的国家设在检察机关,如韩国将犯罪被害救助审议会设在地方检察厅;有的国家设在社会保险福利部门,如德国的劳工及社会福利部门;

有的国家由负责公共安全政策的机关兼办，如日本的公安委员会；有的国家由专门的机关办理，如英国的刑事损害补偿局。国内学界也仁者见仁，智者见智，主张将救助机构设在法院、检察院、公安机关、行政机关、成立专门委员会的均有论述。笔者主张，成立南京市救助委员会行使救助决定权，将救助执行机构设在法院。在程序上由审理该被害人被侵害的犯罪案件的审判组织提供相关证明材料，经中级法院审判委员会报请救助委员会决定。因为法院是刑事案件的最终裁判机关，只有法院才能最终确定被害人、判定侵害人的行为是否构成犯罪。在侦查阶段、审查起诉阶段，由于案件没有最终定论，被害人、犯罪人的身份还处于不确定状态。同时，案件的审判人员熟悉案情，对是否需要补偿、补偿多少，有无减额等情况掌握较多，便于作出正确的裁判。申请人对驳回救助决定或者救助金额不服的，允许申请人申请复议一次，暂不允许申请人提出上诉或由检察院提出抗诉。

八、救助的程序

救助的程序可以分为救助的决定程序、救助的补救程序和先行支付程序。决定程序解决的是对申请人的申请裁决是否救助、救助金具体数额的问题，是救助的必经程序、补救程序的前提；补救程序解决的是申请人对救助金额或驳回申请的决定不服，如何救济的问题。这不是必经程序，其设立的宗旨在于进一步保障救助对象的合法权益。先行支付程序解决的是个别特殊紧急救助的情况，是一种特别程序。关于决定程序，国内学者有提出三阶段说，[26]如将救助的程序设置为申请、调查和判决程序；也有学者主张四阶段说，[27]即申请、调查、听证、决定。笔者认为，根据程序法的一般要求,救助程序的设计应当遵循快捷、简便、方便申请人的原则,首先有权申请国家救助的被害人或其受养人在规定的期限内以书面形式或口头形式向南京市救助委员会提出申请的,救助委员会均应接受,并尽快进行初步审查,认为符合救助条件的,立即围绕下列内容进行调查:(1)被害人的性别、年龄、职业、收入、有无抚(扶)养人。(2)加害人的性别、年龄、职业、收入、有无抚(扶)养人。(3)被害的程度、有无后遗症及种类、医疗费。(4)被害人与加害人的关系、被害人有无过错及过错程度。(5)被害后的影响,包括因被害引起被害人的职业、收入、家庭生活等方面的变化。(6)损害赔偿情况,包括是否获得赔偿金、保险金、其他社会捐助及其金额。救助委员会根据个案情况,可以组织被害方和加害方进行听证。如果事实清楚,证据确实、充分的,也可以不组织听证。救助委员会自受理申请人申请之日起30日内,应当作出补偿决定或者驳回申请决定,决定书一经送达即发生法律效力。申请人对驳回申请的决定或者对补偿决定的内容不服的,可以在决定书送达之日起15日内向上一级救助委员会申请复议一次。上一级补偿委员会在受理复议申请之日起30日内,应当作出决定。复议期间不停止决定书的执行。被害人生活极度困难或急需医疗救治、相关赔偿义务人又无履行能力的,救助委员会可以进行紧急救助。帮助刑事被害人恢复被犯罪侵害的状态,不是仅仅设置救助机构、实行司法救助就可以解决的,诸如对被害人进行就业帮助、心理辅导、社会咨询等工作也不容忽视,在不久的将来国家可以考虑成立刑事被害人服务机构。

【参考文献和注释】

[1]有学者称为"犯罪被害人救助制度",笔者认为采用"刑事被害人救助制度"比较合适,因为刑事案件只有在法院作出判决后,加害人的行为是否构成犯罪才能最终确定。另外,"刑事被害人救助制度"与"刑事被害人补偿制度"表述上有一些差异,但是笔者认为没有实质区别,"补偿制度"是国际上通用法言法语,"救助制度"则更加通俗,大众化、行政化色彩更浓,为了与最高人民法院的相关部署协调一致,笔者采用"刑事被害人救助制度"。

[2]裴裴:《刑事被害人补偿制度至构想》,山东大学2005年硕士学位论文。

[3]杨正万:《刑事被害人问题研究——从诉讼角度的观察》,中国人民公安大学出版社2002年版,第338~340页。

[4]周建华:《论我国犯罪被害人国家补偿制度的构速》,载《华东政法学院学报》2004年第5期。

[5]参见《法国刑事诉讼法典》,余叔通、谢朝华译,中国政法大学出版社1997年版。

[6]孙谦:《建立刑事被害人国家补制度的实践意义及其理论构想》,载《人民检察》2006年第9期。

[7]赵树坤、徐振华:《犯罪被害人国家补偿制度构建略论》,载《社会开学家》2006年第7期。

[8]笔者认为,实行"原则救助"的国家不存在教助条件的设定问题。

[9]许启义:《犯罪被害人保护法之适用权益》,永然文化出版股份有限公司1989年版,第76页。

[10]同[4]。

[11][法]卡新东·斯特法尼等:《法国利事诉讼法精义》(上),罗结珍译,中国政法大学出版社1989年版,第284页。

[12]英国《刑事损害赔偿法》规定:"如果被害人对于被害的发生有可归责的事由则不能获得补偿。"

[13]韩国《犯罪被害者救济法》规定:"因被害人引起犯罪,或对于犯罪的发

生被害人有可归的事由,不能获得补偿。”

[14]德国《暴力犯罪被害人补偿法》规定:“被害人如果因自己有责行为导致遭受犯罪侵害,不能获得补偿。”

[15]日本《犯罪给付金支付法》第 2 条规定:“本法所称‘犯罪被害者’,谓在……或重伤害者。”

[16]韩国《被害人救助法》规定成为支付对象的限于第一级到第三级的重伤害。

[17]同[4]。

[18]李楠:《刑事被害人补偿制度的比较分析与本土制度建构》,载《广西政法管理干部学院学报》2006 年第 5 期。

[19]加拿大法律规定:凡刑法规定为犯罪的被害人,都可以作为国家被害补偿的对象。

[20]法国刑事诉讼法规定任何犯罪行为致使被害人死亡或者重伤害,无论其经济上是否困难,或生活条件是否恶劣,均予以补偿。

[21]英国《刑事损害赔偿法》规定了三种犯罪类型:因为暴力犯罪行为(含纵火下毒)受到伤击;国为他人非法侵入铁道而爱伤者;因为逮捕或企图逮捕犯人或犯罪嫌疑人,或因防止或企图防止犯罪行为,或者因为帮助警察人员实施上述行为而受到伤害。

[22]荷兰《犯罪被害人补偿法》规定:“导致他人重伤、死亡的暴力犯罪行为。”

[23]同[4]。

[24]如被害人受伤支出的医疗费最高不超过 40 万新台币;被害人死亡支出的丧葬费最高不超过 30 万新台币;被害人死亡导致无法履行法定扶养义务最高不超过 100 万新台币;受重伤被害人丧失或减失的劳动能力或增加生活上需要,最高不得超过 100 万新台币。

[25]该学者主张:造成被害人部分丧失劳动能力或全部丧失劳动能力的,应支付医疗费、护理费、残补助费以及其抚养人的必要生活费;部分丧失势动能力的最高限额不超过国家上年度职工年平均工资的 10 倍;

等等。

[26]同[7]。

[27]孙洪坤:《刑事被害人国家补偿制度研究》,载《国家检察官学院学》2004年第6期。

我国死刑案件“发回”“移送”“改判”多重选择机制的构建*

【内容摘要】根据死刑复核实践中发回重审的理由，可以将发回重审分为“事实不清、证据不足型”“诉讼程序违法型”“适用法律错误型”“量刑不当型”四种不同的类型。在死刑复核程序中，发回重审具有纠正错误、限制死刑的功能。而我国目前的发回重审制度实行单一“发回”、垂直“发回”机制，制约了发回重审功能的正常发挥。本文主张，可以根据四种不同的类型，建立“发回”“移送”“改判”多重选择、多元处理的发回重审程序倒流机制。

【关键词】死刑案件　发回　移送　改判

一、死刑案件发回重审的类型和功能

我国《刑事诉讼法》明确规定了二审程序中的发回重审制度，死刑复核程序中的发回重审，由最高人民法院在具体应用刑事诉讼法过程中以司法解释形式作出了具体规定。在最高人民法院对死刑案件复核，以及高级人民法院对死缓案件复核的过程

* 原载于《四川警察学院学报》2010 年第 3 期。

中，发回重审被广泛应用。

(一)发回重审的类型

以死刑复核实践中发回重审的理由为标准，大概可以将发回重审分为四种不同的类型：

1. 事实不清、证据不足型——因原判决或者裁定认定的案件事实不清楚，定案证据不能形成严密的证据锁链，不能得出唯一的结论，证据之间存在矛盾，不能排除合理怀疑，或者证据本身未能查证属实(笔者认为应当依法作出证据不足，指控的罪名不能成立的无罪判决。本文采取从现状着手寻求公正司法的思路，姑且如此阐述)，判决所认定的罪行有遗漏，或者认定被告人量刑情节的证据不充分及其他证据需要补强而被上级法院发回的。

2. 诉讼程序违法型——因第一审或者第二审法院违反公开审判的规定，违反回避制度，剥夺或者限制了当事人的法定诉讼权利，可能影响公正审判，审判组织的组成不合法，以及其他违反法律规定的诉讼程序，可能影响公正审判而被发回的。

3. 适用法律错误型——因原判决或者裁定混淆了被告人的犯罪性质，适用罪名错误或者引用法律条款不当而被发回的。

4. 量刑不当型——因对被告人是否应受刑罚处罚判断失误，或者处刑畸轻畸重而被发回的。

由于发回重审有以上四种不同类型，上级法院在发回重审时，所要关注的重点也就应当有所区别。

(二)发回重审的功能

发回重审的一般功能在于其否定原审法院，或者二审法院的审理过程和裁判结果，直接导致已经进行的诉讼活动归于无效，使案件回到初始状态，并重新开始法定的诉讼程序。立法设置该制度，意图通过上级法院将案件发回下级法院，由下级法院另行组成合议庭重新进行审判,加强上级法院对下级法院的审判监督,促进下级法院查清案件的事实真相,纠正错误,进而作出公正裁判。在死刑复核程序中,发回重审还可以起到保证准确适用死刑,防止错杀;严格控制死刑,保证慎杀的作用,具有限制死刑的特殊功能。

二、“发回”“移送”“改判”多重选择机制的构建

我国现行发回重审制度实行单一“发回”、垂直“发回”机制,将案件一律发回原审法院重审,制约了发回重审功能的发挥。实践中有的原审法院实行如下政策:凡是最高人民法院、高级人民法院维持原判的,则不认为是错案;凡是被发回或者改判的,除规定的几种情形,如上级法院审理期间出现新证据、新情况以外,都认为是错案,要追究相关人的责任。这大大挫伤了法官的积极性,不利于法官独立行使刑事审判权,与发回重审纠错的初衷相佐。有的原审法院不采纳、部分不采纳发回重审函的现象不乏少数,上级法院对下指导,审判监督的职能没有完全实现;甚至个别原审法院出于某种原因将发回案件另行指定其他下级法院审理,因此发回重审缺乏强制约束力,破坏了审级制度的严肃性,而且严重影响发回重审功能的实现。

因此,有论者提出为避免使新的审判程序又为原裁判机关指挥进行,提出将案件发回异地法院审理[1]。笔者赞同这种建议。但是为更加贴近司法实际,增强可操作性,还有必要将其进一步细化,可以考虑根据司法实际发回重审的理由,区别对待,分别处理。详言之,对“事实不清、证据不足型”死刑案件,最高人民法院、高级人民法院可以直接裁定移送与原审法院同级的其他中级人民法院(原审中级人民法院所在省内)。对“诉讼程序违法型”

死刑案件原则上发回高级人民法院，由高级人民法院按照一审程序审判。其中，属于管辖错误的直接裁定移送有管辖权的中级人民法院。对“适用法律错误型”“量刑不当型”死刑案件，最高人民法院、高级人民法院可以直接改判。也就是说，改变目前单一“发回”、垂直“发回”机制，建立“发回”“移送”“改判”多重选择、多向处理的程序倒流机制。

（一）“事实不清、证据不足型”死刑案件的移送

1. 移送的法院。在我国，刑事诉讼的任务是保证准确、及时地查明犯罪事实，惩罚犯罪，保障人权。因此，最高人民法院、高级人民法院复核死刑案件必须严格审查原裁判认定的案件事实和定案证据，并以此为依据作出核准与不核准的裁定。最高人民法院、高级人民法院可以参照将在案发当地敏感，或有重大影响的案件指定异地法院审判的做法，建立把原裁判事实不清、证据不足的案件，裁定移送原审法院所在省内的其他中级人民法院审理的机制。案件移送中级人民法院后即产生指定管辖的效力。这样有利于重审法院不受成见的影响，公正、独立审判案件。笔者认为这是比较好的机制。因为原审法院审判发回案件，必然受同一审判委员会的领导，服从审判委员会的决定。即使在实行刑事、民商事专业委员会的法院，绝大多数的审判委员会成员身兼双职，既是全委会的成员，又是专业委员会的成员。

在德国，当出现：审理法庭组成不符合规定；依法不得执行审判职务的法官、陪审员参与了判决；有偏袒之嫌的法官、陪审员被要求回避，但最终参与了审判；法院行使管辖权错误；判决是在违反了程序公开性原则的言词审理基础上作出的等情形，即构成“绝对上诉理由”。其中，除了管辖错误交由有管辖权法院审判外，其他案件将发回作出原判决法院的另一个审判机关或者审判

庭，或者同一个州的另一个同级法院审判；如果是州高级法院在第一审裁判程序中有上述情形，应当将案件发回该法院的另一个审判委员会[2]。德国立法避开成见的考虑，很有借鉴意义。

在我国，也存在将案件移送至其他同级法院审理的类似的立法例。最高人民法院《关于执行〈中华人民共和国刑事诉讼法〉若干问题的解释》①第270条规定，对拟在法定刑以下判处刑罚的案件，“应当报上一级人民法院核准，上一级人民法院同意的，应当逐级报请最高人民法院复核；上一级人民法院不同意的，应当裁定发回重审或者改变管辖，按第一审程序重新审理，高级人民法院可指定中级人民法院重新审理。最高人民法院复核在法定刑以下判处刑罚的案件，予以核准的，作出核准裁定书；不予核准的，应当撤销原判决、裁定，发回原审人民法院重新审判或者指定其他下级人民法院重新审判”。这是我国仅有一处指定其他法院重新审判的范例，可以推广适用。

2. 可行性的设想。然而，建立“移送”机制不只是一个孤立的问题，需要一系列相关制度的保障和配合，涉及我国现行司法体制的构架，司法机关权力的革新问题。笔者认为，应当优化检察机关和警察机关的权力配置，强化审判机关证据裁判原则。

第一，立法规定检警一体化原则。因事实不清、证据不足被发回的案件，一般来说，须要补充侦查或者补充调查，要完成这项任务，没有检警一体化制度的支撑，补充侦查、补充调查必然难以展开。建立公安机关和检察机关并为控诉一方的格局，诉讼利益共存，诉讼责任共担。检察机关享有对补充侦查、补充调查的决定权和直接指挥权，侦查机关有义务无条件执行。

---

① 现已失效。

第二,建立检察机关系统内部的协调机制。对异地检察机关的补充侦查、补充调查请求,明确接受请求的检察机关(原审控诉机关)的职责,要求及时开展侦查、调查工作。在具体形式上,可以实行以原侦控机关为主,现侦控机关为辅的侦查、调查模式,现侦控机关可以在原侦控机关的协助下,进行自侦、自查,也可以由原侦控机关单独进行补充侦查、补充调查。为保证诉讼效率,可以设定合理的补充侦查、补充调查期限。否则,补充侦查、补充调查只能是无本之木,无源之水。

第三,强化证据裁判原则。证据裁判原则要求法院必须根据一定的证据认定案件事实,没有证据,则不能认定。证据裁判是人类从非理性裁判走向理性裁判的一个重要标志,已经在现代刑事司法中具有了普遍的意义[3]。在我国,其仍然需要强化。因为有的法院认定的事实,与检察机关指控的事实、侦查机关查明的事实几乎是同样的。而法院认定的案件事实应当是经过法定证据证明的、刑事法律评价过的事实,经由刑法规定的犯罪构成要件印证的事实,应当具有明确的法律性。要求法院不是照单接受侦控机关指控的事实,必须经由严密的证据体系印证,且别无选择。因此对发回案件,重审法院在审查原有证据的基础上应当慎重审查补充侦查、补充调查取得的证据材料,依据整个证据体系公正裁判。对补充证据材料能够充分证明的案件事实(该补充证据材料应该是经过庭审举证、质证,查证属实,否则其证据能力及证明力存疑),则予以认定,与之相反,不能充分证明的,果断予以排除。

(二)"诉讼程序违法型"死刑案件的发回

诉讼程序违法有程度轻重之分,对于轻微的程序违法行为,如果不至于影响案件公正裁判的,可以视为"无害过错",采取轻缓的程序制裁措施。而对严重的程序违法行为,如上文列举的“诉讼程序违法型”的具体理由,则必须给予较为严厉的程序性制裁。因为严重的程序违法行为,践踏了神圣的法律,降低了法院裁判的公信力。实践中,如果第一审法院的初审严重违反了法定诉讼程序,当事人以及社会公众对原审法院能否再次公正审理案件的疑虑至深。

我国法律虽然允许原审法院犯一次错误,但是由于人生命的神圣、生命的至高无上和不可逆转性,审理死刑案件的法院历来都是人们关注的焦点,社会公众瞩目的对象。当事人以及社会公众充分相信审案法官作出的判决是正当的。但是当这种愿望、憧憬一旦被上级法院发回重审破灭时,他们便对原审法院的法官、整个原审法院的司法能力、裁判的可信度产生怀疑。笔者认为,将“诉讼程序违法型”死刑案件的一审提高审级,让当事人、社会公众目睹法院“不仅要主持公正,而且要人们明确无误地、毫不怀疑地看到是在主持公正”[4]。

对被告人而言,审级制度体现为其享有的审级利益,为被告人取得合法权益提供的制度基础,是被告人享有的一种独立的诉讼程序上的权益。将“诉讼程序违法型”死刑案件的一审提高审级,同时保障当事人上诉的审级利益,不仅可以增强“死刑裁判及诉讼过程的可接受性”[5],保证“诉讼活动是根据正当的法律程序进行,则当事人自然会接受相应的裁判及诉讼过程”[5]。而且,可以使曾被判处死刑的被告人,真正获得切实有效的救济机会,可以大大增强判决本身的可信度,其权威性也是原审法院无可比拟的。因此,笔者主张,对“诉讼程序违法型”死刑案件,原则上发回高级人民法院,由高级人民法院依照第一审程序审判为宜。当然这突破了现行审级管辖制度的规定,需要立法予以确认。

(三)管辖错误死刑案件的移送

对管辖错误的死刑案件(尽管数量较少,但性质严重),最高人民法院、高级人民法院可以直接裁定移送有管辖权的中级人民法院。因为公权力的行使必须预先取得法律的授权,否则就是滥用公权,得出的裁判结果必定是无效的。犹如错误的手段好比是“种子”,成长起来的“树木”也是有毒的。

在日本,当出现:判决法院没有依照法律规定组成;依法不能参与判决的法官参与案件判决;违反审判公开的规定;管辖违法或者管辖错误,违法受理公诉或者不受理公诉的情形,原判决应当被撤销,并发回重审,或者移送有管辖权的第一审法院,如果上诉法院有第一审管辖权案时,应当作为第一审案件进行审判[6]。判决主文是“撤销原判决。本案件发回(或移送)某某地方(简易、家庭法院)”,而且移送只限于在原审法院以外同级管辖的法院。[7]在德国,撤销原判决的原因,是因为原审法院对案件的管辖有错误的时候,上诉法院同时将案件交有管辖权的法院[2]。这样的立法例具有相当的借鉴价值。

(四)“适用法律错误型”“量刑不当型”案件的改判

依据传统诉讼理论关于“审判”的诠释,“审理”主要针对案件事实、定案证据进行查证、认证;而“判决”则系在查明案件事实基础之上,针对被告人是否构成犯罪、是否应受刑罚处罚及应受何种刑罚处罚而作出决定。“审理”是“判决”的前提和基础,“判决”是“审理”后的必然结论。就“适用法律错误型”“量刑不当型”案件,由于案件事实、定案证据没有争议,仅仅因下级法院适用法律、把握死刑政策、量刑上出现偏差而令其重走新一轮诉讼程序,笔者认为重复“审理”的过程实属没有太大价值,浪费了有限、匮乏的司法资源，最高人民法院、高级人民法院有权而且应当直接改判。当然，为积累死刑复核工作经验，兼顾办理案件的社会效果，采取一项过渡措施，稳步推进死刑复核制度改革无疑具有积极的探索意义。

综上所述，笔者认为，对"事实不清、证据不足型"拟被发回重审的死刑案件，最高人民法院可以直接裁定移送原审法院所在省内其他中级人民法院。对"诉讼程序违法型"而拟被发回重审的死刑案件，最高人民法院可以直接裁定发回相关高级人民法院。对管辖错误的死刑案件，最高人民法院可以直接裁定移送相关中级人民法院。对"适用法律错误型""量刑不当型"死刑案件，最高人民法院、高级人民法院可以直接改判。

三、结语

我国目前的发回重审制度实行单一"发回"、垂直"发回"的机制，不利于发回重审纠正错误、限制死刑功能的发挥。根据四种不同的类型，建立"发回""移送""改判"多重选择、多向处理的诉讼程序倒流机制，可以避害趋利。但是需要相关制度的保障和配合，特别是要立法规定解决一些问题。在此笔者只是提出一个设想，供学界同人批评和指正。

【参考文献】

[1]白丽娜:《对刑事二审发回重审制度的在思考》，载《法制与社会》2008年第6期。

[2]《德国刑事诉讼法典》，李昌珂译，中国政法大学出版社1995年版。

[3]史立梅:《论刑事诉讼中的证据裁判原则》，载《暨南学报(人文科学与社会科学版)》2004年第4期。

[4][英]丹宁:《法律的训诫》,刘庸安等译,法律出版社 1999 年版。
[5]杨正万:《死刑的程序限制》,中国人民公安大学出版社 2008 年版。
[6]《日本刑事诉讼法》,宋英辉译,中国政法大学出版社 2000 年版。
[7][日]松尾浩也:《日本刑事诉讼法》(下卷),张凌译,中国人民大学出版社 2005 年版。

论死刑的再次慎用*

——以发回重审案件为视角

【内容摘要】在重新审判"发回重审"死刑案件的司法实践中，对被告人容易存在有罪推定的倾向、依据补强证据再次适用死刑的倾向和漠视侦控行为合法性的倾向，为此重审法院应杜绝片面依据侦控机关提供的不利于被告人的存疑补强证据对被告人再次适用死刑；对"事实不清、证据不足型"发回的死刑案件，如果经过重审认定的案件事实没有发生重大变化，一般也不宜对被告人再次适用死刑。

【关键词】发回　重审　死刑

笔者曾根据上级法院"发回"死刑案件的实然理由，从实证的角度将发回重审分为四种不同的类型，并剖析了发回重审具有纠正错误、限制死刑适用的功能，提出建立"发回""移送""改判"多重选择、多元处理的程序倒流机制。[1] 但是，受理被"发回重审"死刑案件的相关法院如何公正审判发回死刑案件，或者说重新审判的裁判结果如何，是衡量死刑复核程序中发回重审纠错、

---

* 原载于《湖北社会科学》2012 年第 2 期。

限制死刑适用功能是否发挥、在多大程度上得以发挥的重要标尺之一。成为一个必须正面应对,而且关乎践行我国死刑政策的重大问题。

一、在重审"发回重审"死刑案件实践中客观存在的几种错误倾向

在某种意义上,重审法官、合议庭乃至重审法院审委会成员不同程度地存在一些片面认识,在重审过程中容易出现一些错误倾向,需要予以剖析、厘清。

1. 有罪推定的倾向,即被告人肯定有罪,否则,高级人民法院已经改判,不至于报请最高人民法院核准;案件发回只是因为存在小瑕疵,需要补证,重新理顺诉讼程序即可下判。对此笔者认为,这种想法似乎有一定的道理,但依据刑事诉讼基本原理,又是极端错误的,因为违背了无罪推定原则,可能会直接导致不公正的司法裁判。无罪推定原则的核心内容在于保护犯罪嫌疑人、被告人的合法权益,保证控辩平等对抗。它已为国际上不同法系和不同国情的国内立法吸纳,即使立法上没有明确予以规定的国家,无罪推定的理念和精神已广为接受,并在指导司法实践。死刑案件被发回后立即恢复到审前的初始状态,在人民法院依法重新判决之前被告人仍然应被视为无罪。证明被告人有罪的责任仍由控方承担,被告人仍不承担证明自己无罪的证明责任。中立的法官只应负责对控辩双方提供的证据的审查判断。携带被告人肯定有罪的成见必然会漠视对被告人诉讼权利的有效保障,不能正确对待被告人的正当诉求,相反,极易误认为是被告人认罪态度不好,从心理情感上加重对被告人的刑罚,使本已处于"双重危险"之中的被告人深陷极端孤立的境地。这与无罪推定原

则的价值取向背道而驰。与此相反,依照无罪推定原则的逻辑和精神,在“罪与非罪”“罪轻与罪重”的问题上,“疑罪从无”等有利于被告人的原则才是中立的法官应当秉持的。否则,纠正原审判决的错误只能是一种空想。

2. 片面依据补强证据再次适用死刑的倾向,死刑案件被“发回”后,往往由侦控机关补强证据,出具相应的“证人证言”“鉴定结论”等补强证据。有的地方法院出现仅仅依据补强证据适用死刑的倾向,忽视了对补强证据的证据能力和证明力的审查和综合判断。在实践中,上级人民法院在发回案件时往往考虑案件本身存在的问题,随案移送内部指导函,下级人民法院受理发回案件以后,或者积极进行庭外调查,或者协调公诉机关、侦查机关补强证据。公诉机关、侦查机关则按照重审法院的意图开展侦查、调查和补证工作。对此笔者认为,公诉机关、侦查机关提交的该补强证据在一定程度上已是法官意旨的集中体现。而法官的职能是裁判,不是去发现。在这个过程中,法官作为中立的裁判者在一定程度上扮演了犯罪追诉人的角色,现代诉讼中的控辩平等荡然无存,被告人与检察机关之间的平等武装,演绎成了“一边倒”的绝对不平等。再则,该补强证据涉及的关键证人、鉴定人等几乎不出庭,这又剥夺了被告人的质证权。质证是证据审查的法定方法和必经程序,直接影响着案件整个证据体系的总体质量和最后判决。“质证权的立法目的在于达到发现真实,而该目的可由弹劾证人以及限制司法权用秘密证据处罚被告两大层面着眼。”[2]它不仅是一项权利,也是一项义务或者责任。关键证人、鉴定人等控方“证人”不出庭,控方也就不能证明补强证据的资格合法,来源和内容真实可靠;“也就无法担保,经由第二次的事实审能获得一较好的裁判。”[3]等于控方放弃质证权,也就意味着辩方反驳的事实成立。辩护方希望行使质证权却无能为力。严格来讲,该补强证据不属于查证属实的证据,至多属于存疑补强证据。在重审法院既不能按照证据规则断然予以排除,也不敢直接采信的情况下,笔者主张,如果该补强证据关乎被告人自首、立功、正当防卫、紧急避险、从犯以及其他法定、酌定减轻、从轻情节的认定,系对被告人定罪、量刑有一定的影响,未经关键证人、鉴定人等出庭质证,应做有利于被告人的认定,在适用死刑时更应当谨慎。

3. 漠视侦控行为合法性的倾向。有人认为,发回重审只能对法院实施的几种程序违法诉讼行为发挥一定制裁作用,而对侦查阶段、公诉阶段的程序违法诉讼行为则难以发挥抑制作用。“我国现行非法证据排除规则制裁的对象也主要是以刑讯逼供为核心的预审讯问行为。”[4] 诚然,如果上级法院仅仅制裁下级法院审判环节的违法审判行为,而对侦查机关、控诉机关的违法侦查、控诉行为却无能为力,那么,即使能保证审判各个环节都能依法公正、有序进行,也决不能保证整个诉讼活动的公正性。这不是危言耸听。我国公安、检察、法院三机关分工负责、互相配合、互相制约。在侦查环节,公安、检察分立,两者都是享有侦查权的主体,各负其责;同时互相制约。这与国外实行的公安、检察(警检)一体化有很大区别。德国《刑事诉讼法典》第 163 条规定,在侦查刑事犯罪范围内,警察只负担着辅助检察院的责任。在法国,检察官具有司法警察的职权,并有权指挥司法警察的一切侦查活动。在英、美国家,检察官不仅有权亲自进行侦查,而且有权对警察机关的侦查发表意见、进行指导。这种设置顺应了侦、控职能合一的基本规律。侦查的最终目的是为控诉服务,查明案件事实、查获、保全证据的目的都是在庭审阶段支持控诉。而我国虽然也强调公安、检察之间双向制约,但两机关的平等、分立占据主流,形成事实上的侦查中心主义,检察机关对公安机关在侦查过程中采取的逮捕以外的强制措施,以及其他强制性的侦查手段,仅存在形式上的宣言式的制约。另外,在我国现行司法体制下,法院同公安机关之间介入检察机关,切断了在业务上发生联系,互相制约实然缺位,加上尚未建立司法审查机制,法院无法实现对侦查行为的合法性和公正性进行审查。导致被发回的死刑案件,非法证据、证据不充分、需要出具"情况说明""抓获经过及发破案情况"的现象屡见不鲜。在实践中,当辩方提出控方刑讯逼供、诱供、非法取证等辩护理由,质疑侦控行为的合法性时,控方即出具"情况说明",证明自己侦控行为的合法性。当辩方提出被告人具有自首、立功、正当防卫等有利于被告人的情节时,控方即出具"抓获经过及发破案情况",而且拒不出庭与被告人质证。事实上,这本身属于自我取证、自我评价、自我裁判,违背了"自然正义"原则,任何人不得作为自己案件的法官。就其内容,有的"情况说明""抓获经过及发破案情况"前后内容不一致,甚至互相矛盾,却无从质证。其证据能力和证明力存在很大疑问。因此,鉴于我国尚未建立审前司法审查制度,对侦控行为的合法性缺乏审前过滤机制,重审法院应将侦控行为的合法性纳入司法审查的范畴(尽管我国立法对此尚未作出规定,但作为死刑案件的重审法院应当审查侦控行为的合法性。将非法证据排除在死刑的证据体系之外)。一旦发现侦控机关存在程序违法行为,或者侦控行为的合法性受到辩方的质疑,侦控机关又不能充分证明原侦控行为的合法性,不能作出合理解释的,则果断排除补强证据。在此情形下,对被告人限制适用死刑亦是自然的结论。

二、如果重审认定的案件事实没有发生重大变化，一般不宜对被告人再次适用死刑

从发回重审的具体案件看，“事实不清、证据不足”的情形少之又少，更多的是主要事实清楚，定案证据客观存在，但是案件的细节、被告人的量刑情节等方面存在合理怀疑，或者个别证据须要补强等。笔者认为，对主要事实不清楚，主要证据不足的案件，必须依照《刑事诉讼法》的相关规定宣布被告人无罪。对其他案件如果进行补充侦查、补充调查已无可能，或者虽经补充侦查、调查仍然没有排除合理怀疑的，重审法院一般不要再次判处被告人死刑。而对经过补充侦查、补充调查，重新形成了证据链，是否再次判处被告人死刑？笔者认为也应当慎重。

1. 人文关怀的要求。

一审判决对被告人处以死刑，经过高级人民法院二审或者复核，报请最高人民法院核准，被告人在面临生死抉择的煎熬中，应该说已经体验到死刑处罚的威慑力，体验到为恶的报应，在一定意义上可以说，被告人在此过程中，心理感受上已经被执行过一次死刑（极个别案件存在被告人不怕死的特例）。在被最高人民法院、高级人民法院发回并重新开始的诉讼过程中，笔者主张，可以考虑给予被告人人道主义的关怀，给予其“重新做人”的机会。国外诉讼理论中有“不受双重危险”或“一事不再理”原则，它要求对被告人不得因同一个罪行受到两次起诉、审判和科刑。其正当性就在于对被告人的人文关怀。美国《联邦宪法》第5条修正案规定：“任何人均不得因同一罪行而两次受到生命和身体上的危险。”因为“随意逆向运行的司法裁判程序还可能使当事人反复陷于诉讼的拖累之中，其利益和命运长期处于不确定和待裁判

的状态。”[5]因此重审可以考虑给予被告人以“普通人”意义上的待遇。当然,这也不是绝对的,对那些穷凶极恶、极端仇视社会、惨无人性的被告人则需要另当别论,同时,对被害方的人文关怀也是非常重要的一个方面。

2. 责任主义的要求。

我国的检察机关承担证实被告人有罪的证明责任,举证不能或举证不充分将承担指控不能成立的风险,或者说败诉的风险。而依据我国现行的发回重审制度,却并未由检察机关承担真正的责任和风险,如羁押期限的延长,双重危险和生死未卜的痛苦等都由被告人承担。根据诉讼法治要求,检察官与被告人在刑事诉讼中地位平等,风险均等。在此意义上,依据责任自负的原理,对因“事实不清,证据不足”被发回的死刑案件,让检察机关承担指控目的不能实现的责任是比较合理的。体现在对被告人的“从轻量刑”上,可以起到督促侦控机关提高责任意识的作用。

3. 符合刑罚裁量的基本原理。

对被告人裁量刑罚主要依据犯罪行为所造成的危害后果及犯罪人的人身危险性,抑或再次犯罪的可能性,以实现罪刑相适应,法律效果和社会效果的有机统一,达到刑事判决为被告方、被害方以及社会公众的普遍认同。在报应刑主义和教育刑主义的博弈中,教育刑主义已逐渐为理论界和实务部门所推崇。在当今死刑的公正、效益、人道价值的有限性日益显现的大环境中,如果被告人认罪悔罪,或者具有一般的立功表现,被告人的家属积极赔偿被害方的经济损失,抚慰被害方的创伤,取得了被害方的谅解,积极恢复被犯罪侵害的社会关系,被害方以及社会公众对被告人有了一定程度的宽容,那么,对被告人适用的刑罚量也应有所体现。因此,笔者主张,如果经过重审认定的案件事实没有发生重大变化,一般不宜再次对被告人适用死刑。当然对不思悔改,仍有再次犯罪可能性,有新发现的犯罪事实,且依法应当判处死刑立即执行的则另当别论。

三、慎用死刑是我国在新形势下践行死刑政策的必然要求

1.刑罚轻缓化成为我国新形势下的刑罚走向。

目前,我国宽严相济的刑事政策已经基本为广大人民群众所接受,限制死刑、慎用死刑已为司法实践部门所践行,审视最高人民法院统一行使死刑核准权以后由死刑立即执行改判死缓刑或者发回重审的实际案例,被害方乃至案发当地公众因此而引发局部混乱、社会负面影响较大的案例为数较少,究其原因,笔者认为,我国社会公众对过去重刑主义、报应刑主义的负面作用有了较为深刻的认识,对刑罚轻缓化的认同逐步深入,越来越领会、支持我国的死刑刑事政策,这一点笔者本人在刑事司法实践中有一定的感受,并认为这是我国法治文明进程得以较快推进的突出表征,刑罚轻缓化在一定意义上表征了我国新形势下的刑罚走向,已成为我国慎用死刑的良好的法治背景。

2.《刑法修正案(八)》的规定。

在目前的社会治安形势下,剥夺被告人生命的死刑仍然有保留的必要,笔者对此不持异议。但是,对过去几十年、几百年适用死刑的社会效果,对遏制犯罪、预防犯罪的功效也不能视若无睹,需要客观地、审慎地评估并对以往的做法进行适当的修正。根据《刑法修正案(八)》修正后的《刑法》第50条第2款的规定,对被判处死刑缓期执行的累犯以及因故意杀人、强奸、抢劫、绑架、放火、爆炸、投放危险物质或者有组织的暴力性犯罪被判处死刑缓期执行的犯罪分子,人民法院根据犯罪情节、人身危险性等情况,

可以在作出裁判的同时决定对其限制减刑,一方面,大幅延长死缓刑犯实际执行的刑期,改变以往死缓刑犯实际执行刑期较短,难以保证实际改造效果的缺陷;另一方面,以实际较长的监禁期限实现慎用死刑、减少死刑的刑事政策,并为以终身监禁取代死刑的刑罚走向进行有益的探索。因此,重审被"发回"的死刑案件,根据被告人的犯罪情节、人身危险性等情况,在对被告人判处死缓刑的同时依法适用限制减刑,在我国当前的新形势下不失为一个很好的实现死刑政策的选择。一方面可以保证对被告人的惩罚和改造,另一方面,由于较长的刑期,可以消除被害方乃至案发当地民众、社会公众对"死刑犯"的恐慌和不必要的顾虑。这一点,笔者在刑事司法实践中的感受较为深刻。

综上所述,如果重审法院尤其是一审法院能够坚持证据裁判原则,准确把握死刑政策,做到公正裁判,对充分发挥发回重审限制死刑适用的功能、纠错功能,一定能够起到显著的功效。

【参考文献】

[1]郇习顶:《我国死刑案件发回、移送、改判多重选择机制的构建》,载《四川警官学院学报》2010 年第 6 期。

[2]樊崇义、王国忠:《刑事被告质证权简要探析》,载《河南省政法管理干部学院学报》2006 年第 5 期。

[3][德]克劳斯·罗科信:《刑事诉讼法》,吴丽琪译,法律出版社 2003 年版。

[4]李奋飞:《通过程序制裁遏制刑事程序违法》,载《法学家》2009 年第 1 期。

[5]陈瑞华:《看得见的正义》,中国法制出版社 2000 年版。

略论死刑复核中"发回"案件的重新审判*

【内容摘要】在重新审判"发回"重审死刑案件的司法实践中,存在着对被告人容易产生有罪推定的倾向、依据补强证据再次适用死刑的倾向和漠视侦控行为合法性的倾向,为此重审法院应杜绝片面依据侦控机关提供的不利于被告人的存疑补强证据,审慎对被告人再次适用死刑;对"事实不清、证据不足型"发回重审的死刑案件,如果经过重审认定的案件事实没有发生重大变化,一般也不宜对被告人再次适用死刑。

【关键词】死刑复核　重审　补强证据

在我国,最高人民法院复核死刑案件以及高级人民法院复核死缓案件的司法实践中,发回重审制度被广泛应用。根据司法实践中发回重审的实然理由,笔者曾撰文从实证的角度将发回重审分为"事实不清、证据不足型""诉讼程序违法型""适用法律错误型""量刑不当型"四种不同的类型,并剖析了在死刑复核程序中,发回重审具有纠正错误、限制死刑适用的功能[1]。为充分发

---

* 原载于《铁道警官高等专科学校学报》2012年第1期(总第97期)。

挥发回重审这两个方面的功能,笔者针对我国当下实行的发回重审单一“发回”、垂直“发回”机制,提出可以根据发回重审的原因,对四种不同类型的拟发回重审死刑案件分别建立“发回”“移送”“改判”多重选择、多元处理的程序倒流机制,即对“事实不清、证据不足型”拟被发回重审的死刑案件,最高人民法院可以直接裁定移送原审法院所在省内其他中级人民法院;对“诉讼程序违法型”拟被发回重审的死刑案件,最高人民法院可以直接裁定发回相关高级人民法院;对管辖错误的死刑案件,最高人民法院可以直接裁定移送相关有管辖权的中级人民法院;对“适用法律错误型”“量刑不当型”死刑案件,最高人民法院、高级人民法院可以直接改判[2]。但是,受理被“发回”重审死刑案件的相关法院如何公正审判发回重审死刑案件,成为一个必须正面应对,而且关乎践行我国死刑政策的重大问题。本文拟就重审法院如何重新公正审判被发回的死刑案件提出一些建议和看法,以求教于同人,同时为司法部门提供建言。

如何重新公正审判被“发回”的死刑案件,或者说重新审判的裁判结果如何,是衡量死刑复核程序中发回重审纠错、限制死刑适用功能是否发挥、在多大程度上得以发挥的重要标尺之一。众所周知,“发回”后的一审是基础,一审法院的审判工作起着至关重要的作用。

一、重审实践中客观存在的几种错误倾向

被上级法院“发回”的死刑案件,因其经过高级人民法院、最高人民法院的审理,与单纯的一审案件并不完全相同,在重审法官、合议庭乃至重审法院审委会成员的潜意识中,必然不同程度地存在一些片面认识,在重审过程中容易出现一些错误倾向,需

要予以剖析、厘清,以保证“发回”死刑案件得以公正裁判。

(一)有罪推定的倾向

在重审实践中,有的承办法官、合议庭乃至审委会成员在潜意识中会误认为:被告人肯定有罪,否则,高级人民法院已经改判,不至于报请最高人民法院核准;案件发回只是因为存在小瑕疵,需要补证,重新理顺诉讼程序即可下判。对此笔者认为,这种想法似乎有一定的道理,但依据刑事诉讼基本原理,又是极端错误的,因为它违背了无罪推定原则,可能会直接导致不公正的司法裁判。无罪推定原则的核心内容在于保护犯罪嫌疑人、被告人的合法权益,保证控辩平等对抗。它已为国际上不同法系和不同国情的国内立法吸纳,即使在立法上没有明确予以规定的国家,无罪推定的理念和精神也已广为接受,并在指导司法实践。死刑案件被发回后立即恢复到审前的初始状态,在人民法院依法重新判决之前,被告人仍然应被视为无罪。证明被告人有罪的责任仍由控方承担,被告人仍不承担证明自己无罪的证明责任。中立的法官只应负责对控辩双方提供的证据的审查判断。携带被告人肯定有罪的成见必然会漠视对被告人诉讼权利的有效保障,不能正确对待被告人的正当诉求;相反,极易误认为是被告人认罪态度不好,从心理情感上加重对被告人的刑罚,使本已处于“双重危险”之中的被告人深陷极端孤立的境地。这与无罪推定原则的价值取向背道而驰。与此相反,依照无罪推定原则的逻辑和精神,在“罪与非罪”“罪轻与罪重”的问题上,“疑罪从无”等有利于被告人的原则才是中立的法官应当秉持的。否则,纠正原审判决的错误只能是一种空想。

(二)片面依据补强证据再次适用死刑的倾向

死刑案件因“事实不清,证据不足”被“发回”后,往往由侦控机关补强证据，出具相应的“证人证言”“鉴定结论”等补强证据。有的地方法院出现仅仅依据补强证据适用死刑的倾向，忽视了对补强证据的证据能力和证明力的审查和综合判断。在实践中，上级人民法院在发回案件时往往考虑案件本身存在的问题，随案移送内部指导函。下级人民法院受理发回案件以后，或者积极进行庭外调查，或者协调公诉机关、侦查机关补强证据。公诉机关、侦查机关则按照重审法院的意图开展侦查、调查和补证工作。审理死刑案件更是如此。对此笔者认为，公诉机关、侦查机关提交的该补强证据在一定程度上已是法官意旨的集中体现。而法官的职能是裁判，不是去发现。在这个过程中，法官作为中立的裁判者在一定程度上扮演了犯罪追诉人的角色，现代诉讼中的控辩平等荡然无存，被告人与检察机关之间的平等武装，演绎成了“一边倒”的绝对不平等。再者，该补强证据涉及的关键证人、鉴定人等几乎不出庭，这又剥夺了被告人的质证权。质证是证据审查的法定方法和必经程序，直接影响着案件整个证据体系的总体质量和最后判决。“质证权的立法目的在于达到发现真实，而该目的可由弹劾证人以及限制司法权用秘密证据处罚被告两大层面着眼”[2]。它不仅是一项权利，也是一项义务或者责任。关键证人、鉴定人等控方“证人”不出庭，控方也就不能证明补强证据的资格合法、来源和内容真实可靠，“也就无法担保，经由第二次的事实审能获得一较好的裁判”。[3]这等于控方放弃质证权，也就意味着辩方反驳的事实成立。辩护方希望行使质证权却无能为力。严格来讲，该补强证据不属于查证属实的证据，至多属于存疑补强证据。在重审法院既不能按照证据规则断然予以排除，也不敢直接采信的悖论下，笔者主张，如果该补强证据关乎被告人自首、立功、正当防卫、紧急避险、从犯以及其他法定、酌定减轻、从轻情节的认定，系对被告人定罪、量刑有一定的影响，未经关键证人、鉴定人等出庭质证，应做有利于被告人的认定，杜绝司法权采信存疑补强证据、秘密证据处罚被告人。在适用死刑时更应当谨慎。

（三）漠视侦控行为合法性的倾向

有人认为，发回重审只能对法院实施的几种程序违法诉讼行为发挥一定制裁作用，而对侦查阶段、公诉阶段的程序违法诉讼行为则难以发挥抑制作用。"我国现行非法证据排除规则制裁的对象也主要是以刑讯逼供为核心的预审讯问行为。"[4]诚然，如果上级法院仅仅制裁下级法院审判环节的违法审判行为，而对侦查机关、控诉机关的违法侦查、控诉行为却无能为力，那么，即使能保证审判各个环节都能依法公正、有序进行，也决不能保证整个诉讼活动的公正性。这不是危言耸听。我国公安、检察、法院三机关分工负责、互相配合、互相制约。在侦查环节，公安、检察分立，两者都是享有侦查权的主体，各负其责，同时互相制约。这与国外实行的公安、检察（警检）一体化有很大区别。德国《刑事诉讼法典》第163条规定，在侦查刑事犯罪范围内，警察只负担着辅助检察院的责任。在法国，检察官具有司法警察的职权，并有权指挥司法警察的一切侦查活动。在英、美国家，检察官不仅有权亲自进行侦查，而且有权对警察机关的侦查发表意见、进行指导。这种设置顺应了侦、控职能合一的基本规律。侦查的最终目的是为控诉服务，查明案件事实和查获、保全证据的目的都是在庭审阶段支持控诉。在实践中，当辩方提出控方（主要是侦查机关、侦查人员）刑讯逼供、诱供、非法取证等辩护理由，质疑侦控行为的合法性时，控方即出具"情况说明"，证明自己侦控行为的合法性。当辩方提出被告人具有自首、立功、正当防卫等有利于被告人的情节时,控方即出具“抓获经过及发破案情况”,而且拒不出庭与被告人质证。事实上,这本身属于自我取证、自我评价、自我裁判,违背了“自然正义”原则,即任何人不得作为自己案件的法官。就其内容看,有的“情况说明”“抓获经过及发破案情况”前后内容不一致,甚至互相矛盾,辩方对此却无从质证,其证据能力和证明力存在很大疑问。有理由相信,如果控方隐瞒了有利于被告人的证据,辩方也无力回天。因此,鉴于我国尚未建立审前司法审查制度,对侦控行为的合法性缺乏审前过滤机制,重审法院应将侦控行为的合法性纳入司法审查的范畴。一旦发现侦控机关存在程序违法行为,或者侦控行为的合法性受到辩方的质疑,侦控机关又不能充分证明原侦控行为的合法性,不能作出合理解释的,则果断排除补强证据。在此情形下,对没有达到判处死刑证明要求和证明标准的案件,对被告人限制适用死刑亦是自然的结论。

二、重审案件认定的事实没有发生重大变化,一般不宜对被告人再次适用死刑

从发回重审的具体案件看,“事实不清、证据不足”的情形不是很多,极个别案件属于主要事实不清楚,主要证据不足;较多案件是主要事实清楚,定案证据客观存在,但是案件的细节、被告人的量刑情节等方面存在合理怀疑,或者个别证据需要补强等等。笔者认为,对主要事实不清楚、主要证据不足的案件,必须依照《刑事诉讼法》的相关规定宣布被告人无罪,以维护被告人的合法权益。其他案件要根据补强证据是否可能以及补强证据的可能情况区别对待。如果进行补充侦查、补充调查已无可能,或者虽经补充侦查、调查仍然没有排除合理怀疑的,重审法院一般不

要再次判处被告人死刑。而对于经过补充侦查、补充调查，重新形成了证据链的发回重审案件，是否再次判处被告人死刑？笔者认为，即使重新取得了可以对被告人判处死刑的证据，在适用死刑时也应当慎重。

（一）人文关怀的要求

一审判决对被告人处以死刑，经过高级人民法院二审或者复核，报请最高人民法院核准，被告人在面临生死抉择的煎熬中，应该说已经体验到死刑处罚的威慑力，体验到为恶的报应，在一定意义上可以说，被告人在此过程中，心理感受上已经被执行过一次死刑。在被最高人民法院、高级人民法院发回并重新开始的诉讼过程中，笔者主张，可以考虑给予被告人人道主义的关怀，给予其“重新做人”的机会。国外诉讼理论中有“不受双重危险”或“一事不再理”原则，它要求对被告人不得因同一个罪行受到两次起诉、审判和科刑。其正当性就在于对被告人的人文关怀。美国《联邦宪法》第5条修正案规定：“任何人均不得因同一罪行而两次受到生命和身体上的危险。”因为“随意逆向运行的司法裁判程序还可能使当事人反复陷于诉讼的拖累之中，其利益和命运长期处于不确定和待裁判的状态”[5]。因此重审可以考虑给予被告人以“普通人”意义上的待遇。当然，这也不是绝对的，对那些穷凶极恶、极端仇视社会、惨无人性的被告人则需要另当别论，同时，对被害方的人文关怀也是非常重要的一个方面。

（二）责任主义的要求

我国的检察机关承担证实被告人有罪的证明责任，举证不能或举证不充分将承担指控不能成立的风险，或者说败诉的风险。而依据我国现行的发回重审制度，却并未由检察机关承担真正的责任和风险，如羁押期限的延长、双重危险和生死未卜的痛苦等都由被告人承担。被告人承担了检察官起诉不成功的代价,承担了审判机关裁判不公的代价。根据诉讼法治要求,检察官与被告人在刑事诉讼中地位平等、风险均等。在此意义上,依据责任自负的原理,对因“事实不清,证据不足”被发回的死刑案件,让检察机关承担指控目的不能实现的责任是比较合理的。它体现在对被告人的“从轻量刑”上,可以起到督促侦控机关提高责任意识的作用(如果侦控机关普遍对被告人的处罚轻重持无所谓的态度,则是司法体制设置的败笔,司法制度上的悲剧,在此笔者假定侦控机关及其司法工作人员均具有很高或较高的责任意识,也不排除极个别的负面现象)。然而,在我国以查明案件事实真相为最主要诉讼目标的背景下,惩罚犯罪为主流的诉讼理念,决不放纵犯罪的思想根深蒂固,重实体轻程序,真正做到给被告人以“普通人”的处遇会遭到各种各样的非议,遇到很大的阻力,因此实现程序正义的历程会很长。

(三)符合刑罚裁量的基本原理

对被告人裁量刑罚主要依据犯罪行为所造成的危害后果及犯罪人的人身危险性,抑或再次犯罪的可能性,以实现罪刑相适应,法律效果和社会效果的有机统一,达到刑事判决为被告方、被害方以及社会公众的普遍认同。在报应刑主义和教育刑主义的博弈中,教育刑主义已逐渐为理论界和实务部门所推崇。在当今死刑的公正、效益、人道价值的有限性日益显现的大环境中,如果被告人认罪悔罪,或者具有一般的立功表现,被告人的家属积极赔偿被害方的经济损失,抚慰被害方的创伤,取得了被害方的谅解,积极恢复被犯罪侵害的社会关系,被害方以及社会公众对被告人有了一定程度的宽容,那么,对被告人适用的刑罚量也应有所体现。

综上所述，笔者主张，如果经过重审法院庭审认定的案件事实没有发生重大变化，一般不宜再次对被告人适用死刑。当然也存在例外：一是被告人不思悔改，仍有很强的再次犯罪可能性，不剥夺其生命不足以防止其继续危害社会的；二是被告人有新发现的犯罪事实，且依法应当判处死刑立即执行的等。

我国刑事诉讼法设置死刑复核程序的目的在于最大限度地防止国家利用公权力错杀人、滥杀人。重审法院尤其是一审法院坚持证据裁判原则，准确把握死刑政策，做到公正裁判，对于充分发挥发回重审限制死刑适用的功能、纠错功能，一定能够起到显现的功效。

【参考文献】

[1]郇习顶：《我国死刑案件发回、移送、改判多重选择机制的构建》，载《四川警官学院学报》2010 年第 6 期。

[2]樊崇义、王国忠：《刑事被告质证权简要探析》，载《河南省政法管理干部学院学报》2006 年第 5 期。

[3][德]克劳斯·罗科信：《刑事诉讼法》，吴丽琪译，法律出版社 2003 年版，第 501 页。

[4]李奋飞：《通过程序制裁遏制刑事程序违法》，载《法学家》2009 年第 1 期。

[5]陈瑞华：《看得见的正义》，中国法制出版社 2000 年版，第 117 页。

祝某某以危险方法危害公共安全案*

——人民法院认定事实与指控事实一致，能否直接将指控的轻罪名变更为重罪名？

一、基本案情

被告人祝某某，男，1965年2月21日出生，汉族，江苏省某市人，初中文化，临时工。2001年8月22日因涉嫌犯寻衅滋事罪被逮捕。

江苏省扬州市广陵区人民检察院以被告人祝某某犯寻衅滋事罪向扬州市广陵区人民法院提起公诉，被告人祝某某及其辩护人对指控的犯罪事实无异议。扬州市广陵区人民法院经公开审理查明：2001年8月12日上午，被告人祝某某在扬州市广陵区湾头镇搭乘12路无人售票公交车，因未及时购票而遭到司机的指责，祝某某遂生不满，便辱骂司机，并上前扇打司机的耳光。司机停车后予以还击，双方厮打，后被乘客劝止。司机重新启动公交车在行驶过程中，祝某某再生事端，勒令司机立即停车，并殴打正在驾驶的司机，并与司机争夺公交车的变速杆，致使行驶中的公交车失控，猛然撞到路边的通信电线杆后停下。结果通信电线杆

---

* 原载于《刑事审判参考》2004年第5集（总第40集）（第319号）。

被撞断,车上部分乘客因此受伤、公交车受损,直接经济损失近万元。案发后,祝某某主动交纳赔偿款人民币 1 万元。

扬州市广陵区人民法院审理后认为:被告人祝某某在行驶的公交车上,无理纠缠并殴打正在驾驶公交车的司机,并与司机争夺公交车的变速杆,导致行驶中的公交车失控,虽然只发生撞断路边通信电线杆、公交车受损、部分乘客受伤、全部直接经济损失近万元的后果,但已足以危及不特定多数人的生命健康及其他重大财产的公共安全,其行为符合以危险方法危害公共安全罪的构成要件。公诉机关指控祝某某的犯罪事实清楚,证据确实、充分,应予支持,但指控的罪名不当,应予纠正。案发后,祝某某能积极赔偿经济损失,可以酌情从轻处罚。依照《刑法》[①]第 114 条的规定,判决如下:被告人祝某某犯以危险方法危害公共安全罪,判处有期徒刑 3 年。

一审宣判后,祝某某不服,以原判定性不当为由提出上诉。扬州市中级人民法院经二审审理认为:原审人民法院认定的事实清楚,证据确实、充分,定罪正确,量刑适当。依照《刑事诉讼法》[②]第 189 条第 1 项的规定,裁定驳回上诉,维持原判。

二、主要问题

在认定事实与指控事实一致的情况下,法院能否直接将指控的轻罪名变更为重罪名?

三、裁判理由

本案中,法院审理认定的事实与公诉机关指控的事实完全一

---

① 此处《刑法》为 2002 年修正,现行《刑法》为 2023 年修正。

② 此处《刑事诉讼法》为 1996 年修正,现行《刑事诉讼法》为 2018 年修正。

致。但依据同一事实，公诉机关认为依法应当构成寻衅滋事罪，而法院却认为应构成以危险方法危害公共安全罪。由此引发了关于法院能否直接将指控的轻罪名（寻衅滋事罪）变更为重罪名（以危险方法危害公共安全罪）这一程序性问题的争议。

1. 如何正确区分寻衅滋事罪和以危险方法危害公共安全罪？从实体法角度来看，我们同意本案应定以危险方法危害公共安全罪而非寻衅滋事罪。两罪的区别主要在于：(1)侵犯的客体不同。前罪侵犯的客体是公共安全，即不特定或多数人的生命、健康和重大公私财产安全，侧重于对公共安全的维护。寻衅滋事罪从其客观行为表现来看也会侵犯他人的人身权利、公私财产权利，但侵犯的主要客体则是公共秩序，侧重于对公共秩序的维护。(2)客观方面不同。前罪的客观方面表现为以“其他危险方法”危害公共安全的行为。所谓“其他危险方法”是指使用了与放火、决水、爆炸、投放危险物质的危险性或危害性相当的危险方法。这类危险方法多种多样，难以一一列举。概言之，只要所使用的方法足以危害公共安全的，即可认为是刑法所要求的危险方法。寻衅滋事罪的客观方面，主要表现为实施了破坏社会秩序的行为。《刑法》第293条将寻衅滋事行为具体归纳为四种表现形式，即随意殴打他人，情节恶劣的；追逐、拦截、辱骂他人，情节恶劣的；强拿硬要或者任意损毁、占用公私财物，情节严重的；在公共场所起哄闹事，造成公共场所秩序严重混乱的。(3)主观方面不同。以危险方法危害公共安全罪的主观方面表现为故意，既可以是直接故意，也可以是间故意，即行为人明知自己所实施的危险方法或行为可能足以危及公共安全，仍希望或放任该危险状态的发生。寻衅滋事罪的主观方面表现为直接故意，且行为人主观上具有漠视社会秩序、无事生非的鲜明特点。(4)以危险方法危害公共安全罪系危险犯，即行为人所实施的危险方法或行为足以导致对公共安全产生现实的危险，即便未造成致人重伤、死亡或公私财产重大损失等严重后果的，也构成该罪的既遂。而寻衅滋事行为只有达到情节恶劣或严重的程度，方可成立犯罪。

祝某某殴打正在驾驶的公交车司机，并与司机争抢公交车变速杆的操控权，这一行为，从客观方面看妨害了司机正常驾驶车辆，足以导致公交车不能正常行使，方向和车速失控，随时发生乘客、路上行人、车辆伤亡或者财产损失的现实危险，也就是说该行为属于《刑法》所要求的足以危及公共安全的其他危险行为（方法）；从主观方面看，祝某某应当明知且完全有能力明知其正在实施的危险行为会导致上述危险状态的发生，但为达到与司机争强斗胜的目的却放任这一危险状态的发生。申言之，祝某某的行为与随意殴打他人或在公共场所起哄闹事的寻衅滋事行为截然不同，符合以危险方法危害公共安全罪的特征。本案的实体处理是正确的。

2. 法院认定事实与指控事实一致的，可以变更指控罪名。那么，从程序法的角度来看，本案应当如何处理呢？根据《刑事诉讼法》第 162 条的规定，一审判决有三种，即案件事实清楚，证据确实、充分，依据法律认定被告人有罪的，应当作出有罪判决；依据法律认定被告人无罪的，应当作出无罪判决；证据不足，不能认定被告人有罪的，应当作出证据不足、指控的犯罪不能成立的无罪判决。本案审理认定的事实清楚，证据确实、充分，依据法律应认定被告人有罪，因此，本案必须作出有罪判决。最高人民法院《关于执行〈中华人民共和国刑事诉讼法〉若干问题的解释》①

① 此解释现已失效。

(以下简称《刑诉法解释》)第176条第2项又进一步规定:"起诉指控的事实清楚、证据确实、充分,指控的罪名与人民法院审理认定的罪名不一致的,应当作出有罪判决。"换言之,现行法律和司法解释,已明确要求法院在这种情况下,必须作出有罪判决,排除了由于人民法院与人民检察院对同一事实的法律评价的不同而导致无罪判决的可能性。但法院是按照起诉指控的罪名作出有罪判决,还是按照法院审理认定的罪名作出有罪判决?抑或法院须经一定的程序才能变更罪名呢?对此,无论是《刑事诉讼法》第162条,还是《刑诉法解释》第176条第2项均未能明确,这给司法实践带来了相当的困惑,各地法院出现了不尽一致的做法。因此,我们应当对此进一步深入探讨。

在实行诉因制度的国家,起诉事实是经过法律规范整理过的事实,与法律不可能截然分开。但我国不实行诉因制度,事实与法律是可以明确分开的。因此,司法实践中导致人民法院变更指控罪名的原因,要么是事实,要么是法律。因案件事实超出起诉事实或者发生重大变化而导致罪名变更时,由于原起诉的效力已难以涵盖法院认定的案件事实,根据不告不理原则和控审分离的原则,均须经人民检察院变更、补充起诉程序,并对新的起诉事实调查、辩论后,才能变更罪名。《刑诉法解释》第178条规定:"人民法院在审理中发现新的事实,可能影响定罪的,应当建议人民检察院补充或者变更起诉;人民检察院不同意的,人民法院应当就起诉指控的犯罪事实,依照本解释第一百七十六条的有关规定依法作出裁判。"根据这个规定,法院在事实发生变化的情况下,应当建议检察机关补充或者变更起诉,如果检察机关不同意,法院只能就检察机关起诉指控的事实作出判决,不能对没有控诉的事实径行作出判决。

因法律原因导致罪名变更时,由于案件的基础事实没有发生变化,对于案件事实的法律评价属于法院的职权,法院可以依职权变更罪名而不受公诉意见的约束。法院不能逾越起诉的范围而对未经起诉的人或者事实进行审判,但在事实同一的条件下,实行职权主义诉讼模式的大陆法系国家一般允许法院自由认定事实和适用法律。在德国和法国,法院都可以作出不同于起诉书的对案件事实的法律评价。即便是实行混合制诉讼模式的意大利和日本也有类似的规定。《意大利刑事诉讼法》第 521 条规定:“法官在判决时可以对事实作出不同于指控中定性的法律认定,只要所认定的犯罪未超出其管辖权。”《日本刑事诉讼法》第 312 条规定:“法院鉴于审理过程中认为适当时,可以命令对诉讼原因或处罚条文予以追加或变更。”也就是说,法院审判,应以起诉指控的犯罪事实和被告人为范围,但法院在不妨碍事实同一的前提下,可以自由认定事实和适用法律进行定罪量刑,法院可以根据其认定的案件事实,变更指控所援引的罪名。例如,检察机关起诉被告人犯有抢劫罪,法院可以判处抢夺罪。这里所谓“事实同一”,只要求基本事实相同,并不要求法院认定的案件事实与起诉所指控的事实完全一致。我国《刑事诉讼法》虽然含有对不告不理原则加以认同的精神,但法律没有对法院在审判活动中能否适用与检察机关指控的罪名不同的罪名来定罪作出规定,而最高人民法院的《刑诉法解释》第 176 条第 2 项在一定程度上弥补了立法的缺陷。

3. 法院增加罪名或者由轻罪名变为重罪名的,须经一定的程序予以变更。在承认法院有权自主适用法律的同时,必须强调,被告人辩护权不能予以忽视。法院在适用与检察机关指控不同的罪名时,应当给予被告人以辩护机会。也就是说,在法院认定事实与检察机关指控事实一致的情况下，法院变更指控罪名时要考虑的因素主要是对辩护权的影响。如果直接变更罪名将对被告人的防御产生实质性的不利，应当给予辩护方提出异议的机会和必要的准备时间，特别要注意保障辩护方的辩论权。辩论权是被告人辩护权的重要组成部分，我国《刑事诉讼法》明确规定，控辩双方可以对证据和案件情况发表意见并且可以互相辩论。我们可以援引一些国家的做法作为参照：在德国，“如果先前未曾特别对被告人告知法律规定已经改变，并且给予他辩护的机会的，对被告人不允许根据不同于法院准予的起诉所依据的刑法做判决”。“前款规定同样适用于在审理过程中才表明存在着刑法特别规定的可以提高可罚性或者科处矫正及保安处分的情节的情况。”“新表明的情节准许对被告人适用比法院准许的起诉所依据的刑法更重的刑罚或者是属于第二款所称情节的时候，如果被告人声称未能足够的进行辩护准备而对这些情节引起争辩的，依他的申请应当对审判延期。”在日本，当对诉讼原因或处罚条款进行追加或者变更时，应当迅速通知被告人；当认为这种追加或变更“有可能对被告人的防御产生实质性的不利益时，依被告人或者辩护人的请求，为了使被告人充分做防御准备，应以裁定在必要的期间内停止公审程序”。司法实践中，在法院认定事实与公诉机关指控事实一致的情况下，由于对法律的不同理解，出现指控的罪名与法院审理认定的罪名不一致的情形是较为常见的。概括起来，大体可包括以下四类基本情形：(1)指控的是重罪名，法院审理认定为轻罪名；(2)指控的是轻罪名，法院审理认定为重罪名；(3)指控的是数罪名(二罪名以上)，法院审理只认定为构成其中的一罪名；(4)指控的是一罪名，法院审理认定为构成包括指控罪名在内的数罪名(二罪名以上)。对上述情形的处理,有的观点认为,无论属于何种情形,法院均可直接变更或增减指控罪名(从广义上说增减指控罪名亦属变更指控罪名)。我们认为,对上述情形不加区别,一律予以直接变更并不妥当,而应区分不同情形分别加以处理。

对上述第(2)种和第(4)种情形(法院增加罪名或者法院由轻罪名变为重罪名的情形)而言,由于法院变更指控罪名的结果是不利于被告人的,且对被告人及其辩护人的辩护权构成实质性的影响,即被告人当庭辩论和辩护的内容仅是围绕指控的罪名展开,因不知悉法院最后所要变更的罪名而无法进行当庭辩论和辩护,我们认为,在这种法院增加罪名或者法院由轻罪名变为重罪名的情形下,虽然不必经过检察机关的补充、变更起诉程序,但不能直接变更罪名,仍需经过一定的告知和异议程序。法院应将其适用新罪的意向告知控辩双方,听取双方的意见,控辩双方还可就此展开辩论,法院在此基础上作出判决。

对上述第(1)种和第(3)种情形(法院减少罪名或者法院由重罪名变为轻罪名的情形)而言,由于法院变更指控罪名的结果是有利于被告人的,在对被告人的辩护权并无实质性影响的情况下,法院可以直接变更罪名,即按照审理认定的罪名作出有罪判决。例如,检察机关指控被告人犯贪污罪或挪用公款罪,被告方已作轻罪辩护,法院认为被告人不具有国家工作人员主体身份,仅能构成职务侵占罪或挪用资金罪;又如,检察机关指控被告人收受他人的贿赂之后对他人不征、少征税款,构成受贿罪、徇私舞弊不征、少征税款罪两罪,应当实行数罪并罚,被告方作一罪(受贿罪)辩护,法院认为只需按受贿罪一罪定罪处罚。在这种对被告人的辩护权无实质性影响的情况下,法院可以不经任何程序而直接变更指控罪名。但在第(1)种情形即法院由重罪名变为轻罪名的情形中,即便法院变更指控罪名的结果是有利于被告人的,如果法院变更罪名将对被告人的辩护权产生实质性的影响,法院仍需经一定的告知和异议程序才能变更。例如,检察机关指控被告人犯贪污罪或挪用公款罪,被告方作无罪辩护,法院认定构成职务侵占罪或挪用资金罪;又如,检察机关指控被告人犯抢劫罪,被告人作无罪辩护,法院认定构成抢夺罪。总之,法院应当保障被告人充分行使对法院所判处犯罪的辩护权。